Verena Röthlingshöfer • Jörg Röthlingshöfer

Strickstart

STRICKEN LERNEN MIT MyOma

MyOma

W0215792

KOLLEKTION 1

STRICKSTARTER

Das lernst du von Oma Eli:

- ✓ Wie du Maschen anschlägst
- ✓ Wie du rechte Maschen strickst
- ✓ Wie du linke Maschen strickst
- ✓ Wie du eine Maschenprobe anfertigst
- ✓ Wie du einen Knötchenrand strickst
- ✓ Wie du mit dem Nadelspiel strickst
- ✓ Wie du Maschen zunimmst
- ✓ Wie du Maschen zusammenstrickst
- ✓ Wie du Maschen abkettest
- ✓ Wie du sauber vernähst
- ✓ Wie du einen Überwendlingstich nähst

Oma Eli

„Klasse, wie man mit ganz einfachen Mustern Mützen und Schals zaubern kann, die echt Eindruck machen."

Das ist unsere Oma Eli:
kreative Maschenkünstlerin,
leidenschaftliche Radfahrerin,
naturverbunden und
SOS-Oma in allen Stricklagen.

Schleif-chen

Schwierigkeitsgrad 1

Größe
12 cm lang, 6 cm hoch

Material
- Schachenmayr original Merino Extrafine 40 (LL 40 m/50 g) in deiner Lieblingsfarbe, z. B. in Tomate (Fb 330), ca. 6 g
- Stricknadeln 7,0 mm

Maschenprobe
Mit Nadeln 7,0 mm in glatt rechts
12 Maschen und 18 Reihen = 10 cm x 10 cm

Das solltest du können:

Nichts! Leg einfach los, du lernst alles von den Omas.

Das lernst du von der Oma:

Wie du Maschen anschlägst
Wie du rechte Maschen strickst
Wie du linke Maschen strickst
Wie du Maschen abkettest
Wie du sauber vernähst

MASCHEN ANSCHLAGEN | SCHRITT 2+3

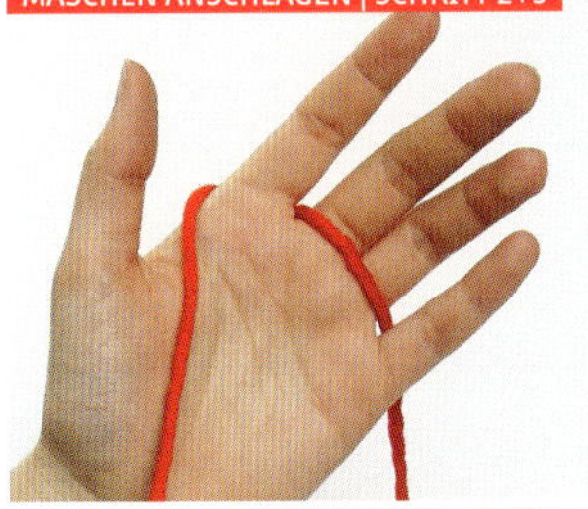

MASCHEN ANSCHLAGEN | SCHRITT 4

MASCHEN ANSCHLAGEN | SCHRITT 5+6

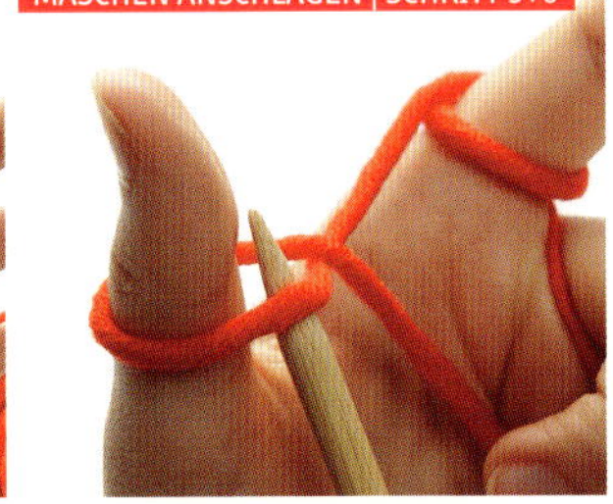

MASCHEN ANSCHLAGEN | SCHRITT 7

MASCHEN ANSCHLAGEN | SCHRITT 7

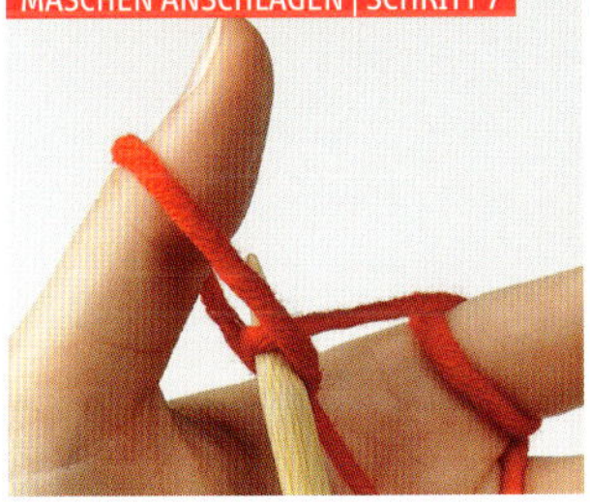

MASCHEN ANSCHLAGEN | SCHRITT 7

MASCHEN ANSCHLAGEN | SCHRITT 8

MASCHEN ANSCHLAGEN | SCHRITT 9

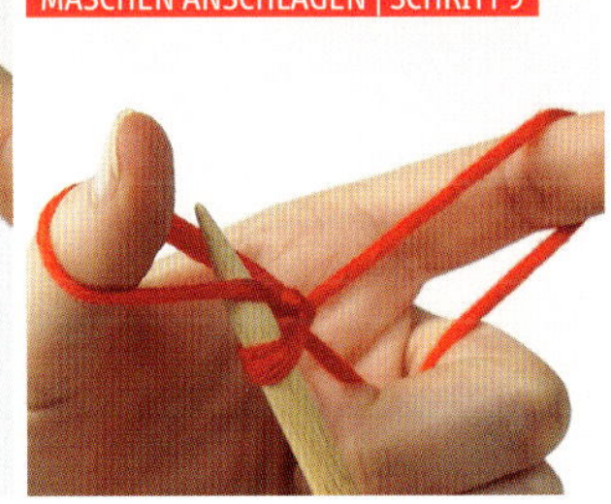

MASCHEN ANSCHLAGEN

Zuerst legst du dir den Wollfaden so um die linke Hand, wie du es auf den Fotos siehst:

1| Halte deine Hand so vor dich, dass du deine Handfläche anschaust.

2| Führe das Fadenende von hinten zwischen kleinem Finger und Ringfinger nach vorne durch.

TIPP » FADEN RICHTIG ABMESSEN » Damit der Faden zum Anschlagen der Maschen ausreicht und noch ein Stück zum Vernähen bleibt, misst du den Faden am besten wie folgt ab: Bei den Nadelstärken 6,0 mm, 7,0 mm und 8,0 mm entsprechen 20 Maschen einer Länge von ca. 50 cm. Zum Vernähen brauchst du zusätzlich noch ca. 15 cm und 10 cm zum Umwickeln des Schleifchens. Bei diesem Schleifchen schlagen wir 8 Maschen an. Es reicht also ein ca. 45 cm langer Faden.

3| Führe das Fadenende zwischen Mittel- und Zeigefinger wieder nach hinten.

4| Wickele den Faden einmal um den Zeigefinger und anschließend einmal von vorne nach hinten um den Daumen herum, sodass am Daumen eine lockere Fadenschlinge entsteht.

5| Mit Mittelfinger, Ringfinger und kleinem Finger hältst du das Fadenende fest.

6| Jetzt nimmst du eine Nadel in die rechte Hand und stichst von unten nach oben durch die Schlinge am Daumen.

7| Hole den zwischen Zeigefinger und Daumen gespannten Faden mit der Nadel durch die Schlinge und ziehe den Daumen heraus.

8| Ziehe die Masche an beiden Fäden fest.

TIPP » MASCHEN FESTZIEHEN » Achte darauf, deine Masche nicht zu fest zu ziehen, sonst kannst du später nicht mehr so leicht in die Masche einstechen. Die Masche sollte aber auch nicht zu locker sitzen, damit sie nicht von der Nadel rutscht. Am besten ist es, wenn du die Masche leicht auf der Nadel hin und her schieben kannst.

9| Schlage nun die weiteren Maschen an, indem du den Arbeitsfaden um den Zeigefinger wickelst, das Fadenende immer wieder um den Daumen schlingst und den Vorgang wie für die 1. Masche wiederholst.

10| Nach dem Anschlagen der Maschen benötigst du das Fadenende nicht mehr. Es bleibt während des Strickens lose hängen und wird später vernäht.

Das Schleifchen besteht aus rechten und linken Maschen, die du folgendermaßen strickst:

RECHTE MASCHEN

1| Führe den Arbeitsfaden von hinten zwischen kleinem Finger und Ringfinger nach vorne durch und dann wieder zwischen Mittel- und Zeigefinger nach hinten. Wickele dir den Arbeitsfaden zweimal um den Zeigefinger und führe den Faden nun hinter der Nadel vorbei zu deinem Zeigefinger.

2| Nimm eine Nadel in die rechte Hand und stich von unten nach oben in die oberste Masche ein.

3| Hole den Faden durch die Masche und lass die Masche von der linken Nadel gleiten.

4| Nun hast du eine neue Masche auf der Arbeitsnadel. Ziehe sie fest und stricke dann die nächste Masche.

LINKE MASCHEN

1| Lege den Arbeitsfaden um die Hand, wie bei den rechten Maschen beschrieben. Im Unterschied zu den rechten Maschen, führst du den Faden diesmal vor der Nadel vorbei zum Zeigefinger.

2| Stich von rechts nach links in die oberste Masche ein. Der Arbeitsfaden liegt weiter vor der Nadel. Hole nun den Faden durch die Masche, lass die Masche von der linken Nadel gleiten und ziehe sie fest.

TIPP » LINKE MASCHEN » Damit der Faden leichter durch die Masche geht, kannst du bei den linken Maschen leicht mit dem Daumen nachhelfen.

GLATT RECHTS

1. Reihe: Stricke rechte Maschen.
2. Reihe: Stricke linke Maschen.

Wiederhole die 1. und 2. Reihe fortlaufend.

ANLEITUNG

Für das Schleifchen strickst du ein Rechteck, das du dann mit einem Wollfaden umwickelst. Schlage 8 Maschen an, stricke 18 Reihen glatt rechts und kette die Maschen anschließend ab.

ABKETTEN

Zum Abschluss vieler Strickstücke müssen die Maschen abgekettet werden.

1| Beginne die letzte Reihe, indem du 2 Maschen rechts strickst.

2| Stich dann mit der linken Nadel von links nach rechts in die rechte der beiden Maschen ein und ziehe sie über die linke Masche. Lass die übergezogene Masche von der rechten Nadel gleiten und ziehe den Faden fest. Stricke anschließend wieder 1 rechte Masche und wiederhole den Vorgang, bis alle Maschen abgekettet sind.

FERTIGSTELLEN

Schneide den Faden länger ab und fädele ihn in eine Stopfnadel. Führe den Faden durch die Maschen zur Mitte und wickle den Faden zwei- bis dreimal um das Rechteck. Ziehe den Faden fest zusammen und vernähe ihn auf der Rückseite. Du kannst die Größe des Schleifchens variieren, indem du mehr oder weniger Maschen anschlägst, mehr oder weniger Reihen strickst oder größere bzw. kleinere Nadeln verwendest.

TIPP » WIE VERNÄHE ICH SAUBER? » Am besten vernähst du den Faden am Muster entlang und wechselst dabei einmal die Richtung (Zurückstechen). Schneide den Faden nicht zu kurz ab, da sich das Rechteck sonst wieder auftrennen könnte. Kontrolliere immer wieder auf der Vorderseite, ob der vernähte Faden auch wirklich nicht zu sehen ist.

MASCHENPROBEN VERWERTEN

Aus den Maschenproben, die du später für deine Strickstücke anfertigst, kannst du auf diese Weise auch tolle Schleifchen zaubern.

Handy-hülle

Schwierigkeitsgrad 1

Größe
8 cm breit, 12,5 cm hoch

Material
- Schachenmayr original Merino Extrafine 40 (LL 40 m/50 g) in Tomate (Fb 330), 25 g, und in Natur (Fb 302), Rest
- Stricknadeln 7,0 mm

Maschenprobe
Mit Nadeln 7,0 mm im Perlmuster
13 Maschen und 22 Reihen = 10 cm x 10 cm

Das solltest du können:

Nichts! Leg einfach los, du lernst alles von den Omas.

Das lernst du von der Oma:

Wie du Maschen anschlägst
Wie du rechte Maschen strickst
Wie du linke Maschen strickst
Wie du einen Knötchenrand strickst
Wie du Maschen abkettest
Wie du sauber vernähst
Wie du mit dem Überwendlingsstich zusammennähst

MASCHEN ANSCHLAGEN | SCHRITT 2+3

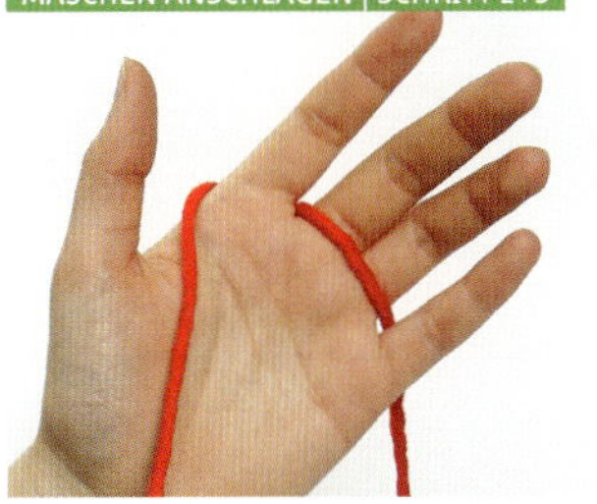

MASCHEN ANSCHLAGEN | SCHRITT 4

MASCHEN ANSCHLAGEN | SCHRITT 5+6

MASCHEN ANSCHLAGEN | SCHRITT 7

MASCHEN ANSCHLAGEN | SCHRITT 7

MASCHEN ANSCHLAGEN | SCHRITT 7

MASCHEN ANSCHLAGEN | SCHRITT 8

MASCHEN ANSCHLAGEN | SCHRITT 9

MASCHEN ANSCHLAGEN

Zuerst legst du dir den Wollfaden so um die linke Hand, wie du es auf den Fotos siehst:

1| Halte deine Hand so vor dich, dass du deine Handfläche anschaust.

2| Führe das Fadenende von hinten zwischen kleinem Finger und Ringfinger nach vorne durch.

TIPP » FADEN RICHTIG ABMESSEN » Damit der Faden zum Anschlagen der Maschen ausreicht und noch ein Stück zum Vernähen bleibt, misst du den Faden am besten folgendermaßen ab: Bei den Nadelstärken 6,0 mm, 7,0 mm und 8,0 mm entsprechen 20 Maschen einer Länge von ca. 50 cm. Zum Vernähen brauchst du zusätzlich noch ca. 15 cm. Bei diesem Handytäschchen schlagen wir 11 Maschen an. Es reicht also ein ca. 43 cm langer Faden.

3| Führe das Fadenende zwischen Mittel- und Zeigefinger wieder nach hinten.

4| Wickele den Faden einmal um den Zeigefinger und anschließend einmal von vorne nach hinten um den Daumen, sodass am Daumen eine Fadenschlinge entsteht.

5| Mit Mittelfinger, Ringfinger und kleinem Finger hältst du das Fadenende fest.

6| Jetzt nimmst du eine Nadel in die rechte Hand und stichst von unten nach oben durch die Schlinge am Daumen.

7| Hole den zwischen Zeigefinger und Daumen gespannten Faden mit der Nadel durch die Schlinge und ziehe den Daumen heraus.

8| Ziehe die Masche an beiden Fäden fest.

TIPP » MASCHEN FESTZIEHEN » Achte darauf, deine Masche nicht zu fest zu ziehen, sonst kannst du später nicht mehr so leicht in die Masche einstechen. Die Masche sollte aber auch nicht zu locker sitzen, damit sie nicht von der Nadel rutscht. Am besten ist es, wenn du die Masche leicht auf der Nadel hin- und herschieben kannst.

9| Schlage nun die weiteren Maschen an, indem du den Arbeitsfaden um den Zeigefinger wickelst, das Fadenende immer wieder um den Daumen schlingst und den Vorgang wie für die 1. Masche wiederholst.

10| Nach dem Anschlagen der Maschen benötigst du das Fadenende nicht mehr. Es bleibt während des Strickens lose hängen und wird später vernäht.

Die Handyhülle strickst du im Perlmuster. Dafür benötigst du rechte und linke Maschen, die du wie folgt strickst:

RECHTE MASCHEN

1 | Führe den Arbeitsfaden von hinten zwischen kleinem Finger und Ringfinger nach vorne durch und dann wieder zwischen Mittel- und Zeigefinger nach hinten. Wickele dir den Arbeitsfaden zweimal um den Zeigefinger und führe den Faden nun hinter der Nadel vorbei zu deinem Zeigefinger.

2 | Nimm eine Nadel in die rechte Hand und stich von unten nach oben in die oberste Masche ein.

3 | Hole den Faden durch die Masche und lass die Masche von der linken Nadel gleiten.

4 | Nun hast du eine neue Masche auf der Arbeitsnadel. Ziehe sie fest und stricke dann die nächste Masche.

LINKE MASCHEN

1 | Lege den Arbeitsfaden um die Hand, wie bei den rechten Maschen beschrieben. Im Unterschied zu den rechten Maschen, führst du den Faden diesmal vor der Nadel vorbei zum Zeigefinger.

2 | Stich von rechts nach links in die oberste Masche ein. Der Arbeitsfaden liegt weiter vor der Nadel. Hole nun den Faden durch die Masche, lass die Masche von der linken Nadel gleiten und ziehe sie fest.

TIPP » LINKE MASCHEN » Damit der Faden leichter durch die Masche geht, kannst du bei den linken Maschen leicht mit dem Daumen nachhelfen.

KNÖTCHENRAND

1 | Hebe die 1. Masche wie zum Rechtsstricken ab und lass sie auf die rechte Nadel gleiten.

2 | Stricke im Muster weiter. Die letzte Masche strickst du rechts ab. Bei den Rechtecken, die du für die Handyhülle strickst, heißt das dann:

1 Randmasche, 9 Maschen im jeweiligen Muster, 1 Randmasche.

TIPP » RANDMASCHEN FESTZIEHEN » Ziehe die Randmaschen immer schön fest, damit der Rand am Ende schön gleichmäßig aussieht.

PERLMUSTER

Beim Perlmuster wird über jede rechte Masche jeweils eine linke Masche gestrickt:

1. Reihe: Stricke 1 Masche rechts, 1 Masche links im Wechsel.

2. Reihe: Stricke 1 Masche rechts, 1 Masche links im Wechsel.

Wiederhole die 1. und 2. Reihe fortlaufend.

KNÖTCHENRAND | SCHRITT 1

KNÖTCHENRAND | SCHRITT 2

PERLMUSTER

ABKETTEN | SCHRITT 1

ABKETTEN | SCHRITT 2

FERTIGSTELLEN

ÜBERWENDLINGSTICH | SCHRITT 1

ÜBERWENDLINGSTICH | SCHRITT 2

ANLEITUNG

Für die Handyhülle strickst du 2 Rechtecke, die du anschließend zusammennähst. Schlage 11 Maschen an und stricke 28 Reihen im Perlmuster mit Knötchenrand. Kette in der 28. Reihe die Maschen ab.

ABKETTEN

1 | Beginne die letzte Reihe, indem du 2 Maschen rechts strickst.

2 | Stich dann mit der linken Nadel von links nach rechts in die rechte der beiden Maschen ein und ziehe sie über die linke Masche. Lass die übergezogene Masche von der rechten Nadel gleiten und ziehe den Faden fest.

3 | Stricke anschließend wieder 1 rechte Masche und wiederhole den Vorgang, bis alle Maschen abgekettet sind.

FERTIGSTELLEN

Schneide den Faden ab und vernähe die Fäden.

TIPP » WIE VERNÄHE ICH SAUBER? » Am besten vernähst du den Faden am Muster entlang und wechselst dabei einmal die Richtung (Zurückstechen). Schneide den Faden nicht zu kurz ab, da sich das Rechteck sonst wieder auftrennen könnte. Kontrolliere immer wieder auf der Vorderseite, ob der vernähte Faden auch wirklich nicht zu sehen ist.

Nähe die beiden Rechtecke an den Längsseiten und einer kurzen Seite im Überwendlingstich aneinander. Lege dafür die beiden Rechtecke aufeinander und fädele einen Wollfaden in Natur in eine Stopfnadel. Nähe die drei Seiten der Handytasche zusammen. Schneide den Faden ab und vernähe ihn auf der Innenseite.

ÜBERWENDLINGSTICH

1 | Stich von rechts nach links durch die obersten beiden Randmaschen einer Längsseite.

2 | Ziehe den Faden durch und stich dann wieder von rechts nach links in die nächsten beiden Randmaschen. Nähe genauso weiter, bis alle Seiten geschlossen sind.

Kamin-schuhe

Schwierigkeitsgrad 1

Größe
23,5 cm/26,5 cm breit (Ferse bis Zehe),
13,5 cm/15 cm hoch (Ferse bis Bund)
Die Angaben für Damenschuhe stehen vor, für Herrenschuhe nach dem Schrägstrich. Steht nur eine Angabe, gilt diese für beide Größen.

Material
Für Damen
- Schachenmayr original Merino Extrafine 40 (LL 40 m/50 g) in Tomate (Fb 330), 180 g
- Stricknadeln 7,0 mm

Für Herren
- Schachenmayr original Merino Extrafine 40 (LL 40 m/50 g) in Marine (Fb 350), 200 g
- Stricknadeln 7,0 mm

Maschenprobe
Mit Nadeln 7,0 mm in kraus rechts
12 Maschen und 22 Reihen = 10 cm x 10 cm

Das solltest du können:

Nichts! Leg einfach los, du lernst alles von den Omas.

Das lernst du von der Oma:

Wie du Maschen anschlägst
Wie du rechte Maschen strickst
Wie du eine Maschenprobe anfertigst
Wie du einen Knötchenrand strickst
Wie du Maschen zusammenstrickst
Wie du Maschen abkettest
Wie du sauber vernähst

MASCHEN ANSCHLAGEN | SCHRITT 2+3

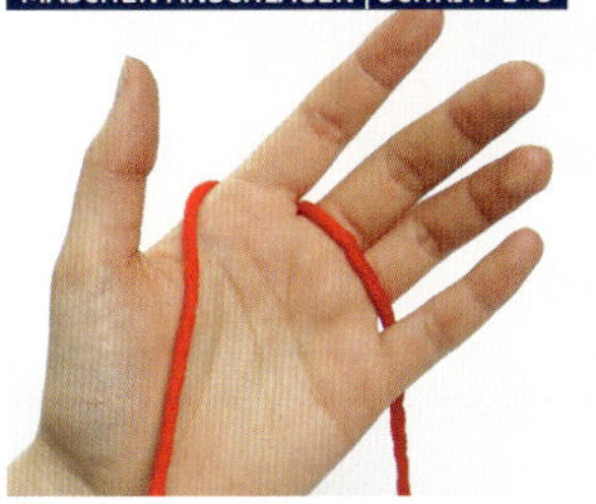

MASCHEN ANSCHLAGEN | SCHRITT 4

MASCHEN ANSCHLAGEN | SCHRITT 5+6

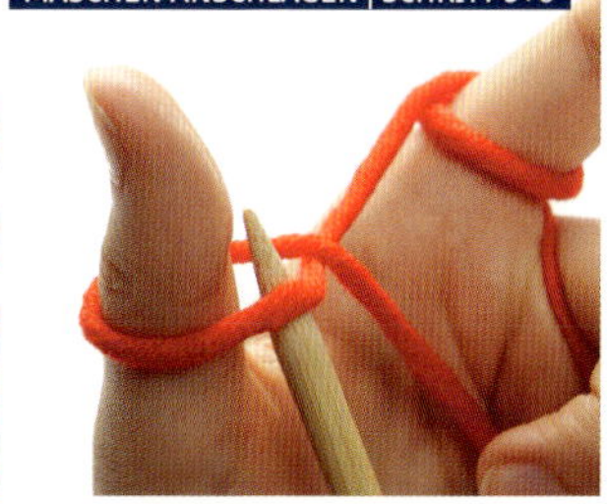

MASCHEN ANSCHLAGEN | SCHRITT 7

MASCHEN ANSCHLAGEN | SCHRITT 7

MASCHEN ANSCHLAGEN | SCHRITT 7

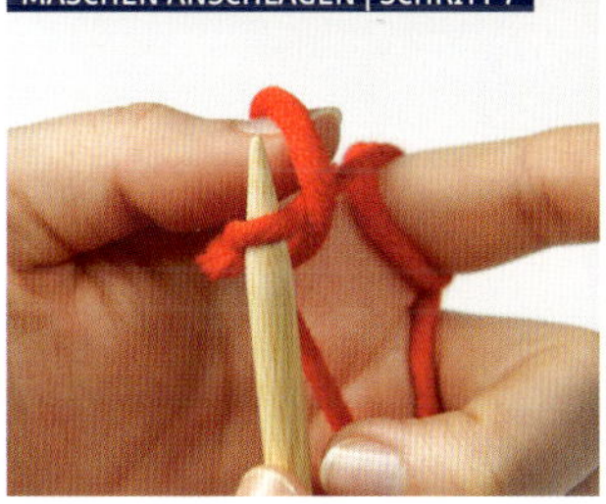

MASCHEN ANSCHLAGEN | SCHRITT 8

MASCHEN ANSCHLAGEN | SCHRITT 9

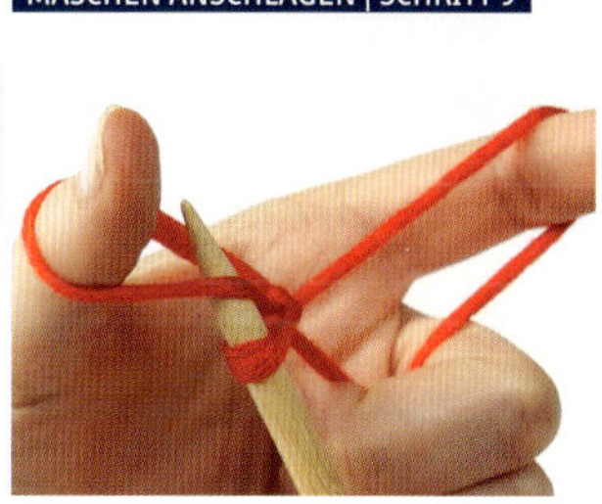

MASCHEN ANSCHLAGEN

Zuerst legst du dir den Wollfaden so um die linke Hand, wie du es auf den Fotos siehst:

1| Halte deine Hand so vor dich, dass du deine Handfläche anschaust.

2| Führe das Fadenende von hinten zwischen kleinem Finger und Ringfinger nach vorne durch.

> TIPP » FADEN RICHTIG ABMESSEN » Damit der Faden zum Anschlagen der Maschen ausreicht und noch ein Stück zum Vernähen bleibt, misst du den Faden am besten folgendermaßen ab: Bei den Nadelstärken 6,0 mm, 7,0 mm und 8,0 mm entsprechen 20 Maschen einer Länge von ca. 50 cm. Du benötigst also je nach Größe eine Fadenlänge zwischen 65 cm und 105 cm. Achtung! Da du bei diesem Modell mit dem Vernähfaden die Fersennaht schließt, gib jeweils noch ca. 80 cm Länge hinzu.

3| Führe das Fadenende zwischen Mittel- und Zeigefinger wieder nach hinten.

4| Wickele den Faden einmal um den Zeigefinger und anschließend einmal von vorne nach hinten um den Daumen herum, sodass am Daumen eine lockere Fadenschlinge entsteht.

5| Mit Mittelfinger, Ringfinger und kleinem Finger hältst du das Fadenende fest.

6| Jetzt nimmst du eine Nadel in die rechte Hand und stichst von unten nach oben durch die Schlinge am Daumen.

7| Hole den zwischen Zeigefinger und Daumen gespannten Faden mit der Nadel durch die Schlinge und ziehe den Daumen heraus.

8| Ziehe die Masche an beiden Fäden fest.

> TIPP » MASCHEN FESTZIEHEN » Achte darauf, deine Masche nicht zu fest zu ziehen, sonst kannst du später nicht mehr so leicht in die Masche einstechen. Die Masche sollte aber auch nicht zu locker sitzen, damit sie nicht von der Nadel rutscht. Am besten ist es, wenn du die Masche leicht auf der Nadel hin und her schieben kannst.

9| Schlage nun die weiteren Maschen an, indem du den Arbeitsfaden um den Zeigefinger wickelst, das Fadenende immer wieder um den Daumen schlingst und den Vorgang wie für die 1. Masche wiederholst.

10| Nach dem Anschlagen der Maschen benötigst du das Fadenende nicht mehr. Es bleibt während des Strickens lose hängen und wird später vernäht.

RECHTE MASCHEN | SCHRITT 2

RECHTE MASCHEN | SCHRITT 3

KNÖTCHENRAND | SCHRITT 1

KNÖTCHENRAND | SCHRITT 2

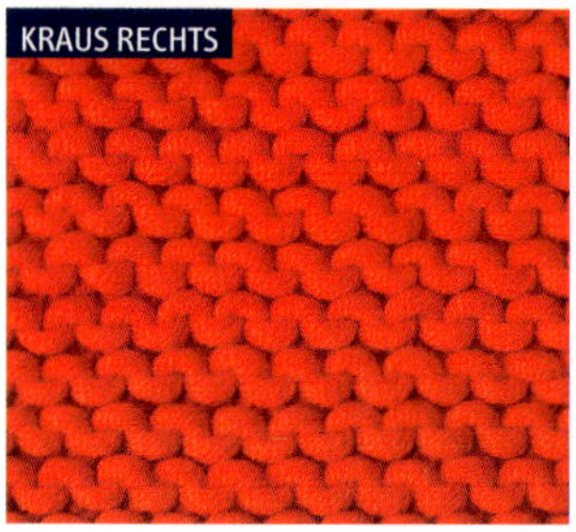
KRAUS RECHTS

ABKETTEN | SCHRITT 1

ABKETTEN | SCHRITT 2

ABKETTEN | SCHRITT 2

Die Schuhe werden kraus rechts in Reihen gestrickt. Dafür brauchst du nur rechte Maschen, die du wie folgt strickst:

RECHTE MASCHEN

1 | Führe den Arbeitsfaden von hinten zwischen kleinem Finger und Ringfinger nach vorne durch und dann wieder zwischen Mittel- und Zeigefinger nach hinten. Wickele dir den Arbeitsfaden zweimal um den Zeigefinger und führe den Faden nun hinter der Nadel vorbei zu deinem Zeigefinger.

2 | Nimm eine Nadel in die rechte Hand und stich von unten nach oben in die oberste Masche ein.

3 | Hole den Faden durch die Masche und lass die Masche von der linken Nadel gleiten.

4 | Nun hast du eine neue Masche auf der Arbeitsnadel. Ziehe sie fest und stricke dann die nächste Masche.

MASCHENPROBE

Bevor du mit dem eigentlichen Strickmodell beginnst, solltest du unbedingt eine Maschenprobe machen. So findest du heraus, ob du eher fest oder eher locker strickst. Das ist wichtig, damit das fertige Modell später die angegebenen Maße bzw. die richtige Größe hat.

1 | Bei diesen Kaminschuhen schlägst du 12 Maschen an und strickst 22 Reihen in kraus rechts.

2 | Dann misst du die Seiten deines gestrickten Quadrates ab. Wenn es ca. 10 cm x 10 cm groß ist, kannst du mit dem Stricken loslegen.

> **TIPP » ABWEICHENDE MASCHENPROBE »** Fallen die Maße deiner Maschenprobe deutlich größer aus, strickst du eher locker und solltest die nächstkleinere Nadelstärke wählen. Ist die Maschenprobe deutlich kleiner, nimmst du einfach die nächstgrößere Nadelstärke.

KNÖTCHENRAND

1 | Hebe die 1. Masche wie zum Rechtsstricken ab und lass sie auf die rechte Nadel gleiten.

2 | Stricke im Muster weiter. Die letzte Masche strickst du rechts ab. Bei diesem Schuh heißt das dann:
1 Randmasche, 35/39 Maschen kraus rechts, 1 Randmasche.

> **TIPP » RANDMASCHEN FESTZIEHEN »** Ziehe die Randmaschen immer schön fest, damit der Rand am Ende schön gleichmäßig aussieht.

KRAUS RECHTS

1. Reihe: Stricke rechte Maschen.
2. Reihe: Stricke rechte Maschen.
Wiederhole die 1. und 2. Reihe fortlaufend.

ANLEITUNG

Schlage 37/41 Maschen an (die Randmaschen sind hier schon mitgezählt). Lass dabei ein langes Fadenstück übrig. Damit schließt du später die Fersennaht. Stricke 24/28 Reihen (= 9,5/10,5 cm) kraus rechts.
Kette am Anfang der folgenden Reihe 5 Maschen ab und stricke bis zum Reihenende rechte Maschen. In der nächsten Reihe kettest du am Anfang wieder 5 Maschen ab und strickst bis zum Reihenende rechte Maschen. Stricke ab der Abkettreihe 27/34 Reihen (=10 cm/12 cm) kraus rechts.

ABKETTEN

Zum Abschluss vieler Strickstücke müssen die Maschen abgekettet werden.
1 | Beginne die letzte Reihe, indem du 2 Maschen rechts strickst.
2 | Stich dann mit der linken Nadel von links nach rechts in die rechte der beiden Maschen ein und ziehe sie über die linke Masche. Lass die übergezogene Masche von der rechten Nadel gleiten und ziehe den Faden fest. Stricke anschließend wieder 1 rechte Masche und wiederhole den Vorgang, bis alle Maschen abgekettet sind.

Arbeite dann die Fußspitze wie folgt:

DAMEN

1. Reihe: Stricke 5 Maschen rechts, 2 Maschen rechts zusammen, 3 Maschen rechts, 2 Maschen rechts zusammen, 3 Maschen rechts, 2 Maschen rechts zusammen, 3 Maschen rechts, 2 Maschen rechts zusammen und wieder 5 Maschen rechts (= 23 Maschen).
2. Reihe: Stricke ohne Abnahmen.
3. Reihe: Stricke 4 Maschen rechts, 2 Maschen rechts zusammen, 2 Maschen rechts, 2 Maschen rechts zusammen, 3 Maschen rechts, 2 Maschen rechts zusammen, 2 Maschen rechts, 2 Maschen rechts zusammen und wieder 4 Maschen rechts (= 19 Maschen).
4. Reihe: Stricke ohne Abnahmen.
5. Reihe: Stricke 4 Maschen rechts, 2 Maschen rechts zusammen, 1 Masche rechts, 2 Maschen rechts zusammen, 1 Masche rechts, 2 Maschen rechts zusammen, 1 Masche rechts, 2 Maschen rechts zusammen, 4 Maschen rechts (= 15 Maschen).
6. Reihe: Stricke ohne Abnahmen.
7. Reihe: 4 Maschen rechts, 2 Maschen rechts zusammen, 3 Maschen rechts, 2 Maschen rechts zusammen, 4 Maschen rechts (= 13 Maschen).

HERREN

1. Reihe: Stricke 5 Maschen rechts, 2 Maschen rechts zusammen, 5 Maschen rechts, 2 Maschen rechts zusammen, 3 Maschen rechts, 2 Maschen rechts zusammen und wieder 5 Maschen rechts, 2 Maschen rechts zusammen, 5 Maschen rechts

MASCHEN ZUSAMMENSTRICKEN

FERTIGSTELLEN

FERTIGSTELLEN

FERTIGSTELLEN

(= 27 Maschen).

2. Reihe: Stricke ohne Abnahmen.

Stricke ab der 3. Reihe wie die 1. bis 7. Reihe vom Damenschuh.

MASCHEN ZUSAMMENSTRICKEN

Stich durch die beiden Maschen, die du zusammenstricken möchtest, und stricke sie gemeinsam wie eine rechte Masche ab.

FERTIGSTELLEN

Schneide den Faden etwa 100 cm lang ab. Der Faden muss so lang sein, dass du mit ihm den Rist des Schuhs schließen kannst. Ziehe den Faden durch die restlichen Maschen. Als Nächstes nähst du den Schuh zusammen.
Um die Ferse zu schließen, lege den Schuh in der Mitte längs zusammen. Nun liegen die Anschlagsmaschen aneinander. Fädele den Anschlagsfaden in eine Stopfnadel und stich durch die ersten beiden aneinanderliegenden Maschen. Ziehe den Faden durch. Stich dann durch die nächsten beiden Maschen zurück und ziehe auch hier den Faden durch.

FERTIGSTELLEN | FERSE

FERTIGSTELLEN | RIST

TIPP » SCHUH ZUSAMMENNÄHEN » Ziehe den Faden beim Zusammennähen nicht zu fest an, damit der Schuh elastisch und an der Naht weicher bleibt.

So verfährst du weiter, bis die Ferse geschlossen ist. Am Ende ziehst du den Faden nach innen und vernähst ihn.

TIPP » WIE VERNÄHE ICH SAUBER? » Vernähe den Schuh auf der Innenseite, damit man die Fäden nicht sieht. Am besten vernähst du den Faden am Muster entlang und wechselst dabei einmal die Richtung (Zurückstechen). Schneide den Faden nicht zu kurz ab, da sich der Schuh sonst wieder auftrennen könnte. Kontrolliere immer wieder auf der Vorderseite, ob der vernähte Faden auch wirklich nicht zu sehen ist.

Verfahre mit dem Rist genau wie mit der Ferse. Diesmal stichst du jeweils durch die Knötchen des zuvor gestrickten Knötchenrands. Auch hier ziehst du den Faden nach innen und vernähst ihn.

Wenn du magst, kannst du auf deinem Schuh einen Knopf, Bommel (siehe So geht's S. 95) oder ein Schleifchen (siehe S. 6-9) anbringen.

Poncho

Schwierigkeitsgrad 1

Größe
54 cm Kopfumfang, 50 cm Armlänge (Hals bis Handgelenk)

Material
- Schachenmayr original Merino Extrafine 40 (LL 40 m/50 g) in Tomate (Fb 330) und Flanell meliert (Fb 391), je 450 g
- Stricknadeln 7,0 mm

Maschenprobe
Mit Nadeln 7,0 mm im Perlmuster
14 Maschen und 22 Reihen = 10 cm x 10 cm

Das solltest du können:

Nichts! Leg einfach los, du lernst alles von den Omas.

Das lernst du von der Oma:

Wie du Maschen anschlägst
Wie du rechte Maschen strickst
Wie du linke Maschen strickst
Wie du eine Maschenprobe anfertigst
Wie du einen Knötchenrand strickst
Wie du Maschen abkettest
Wie du Strickstücke zusammennähst
Wie du sauber vernähst

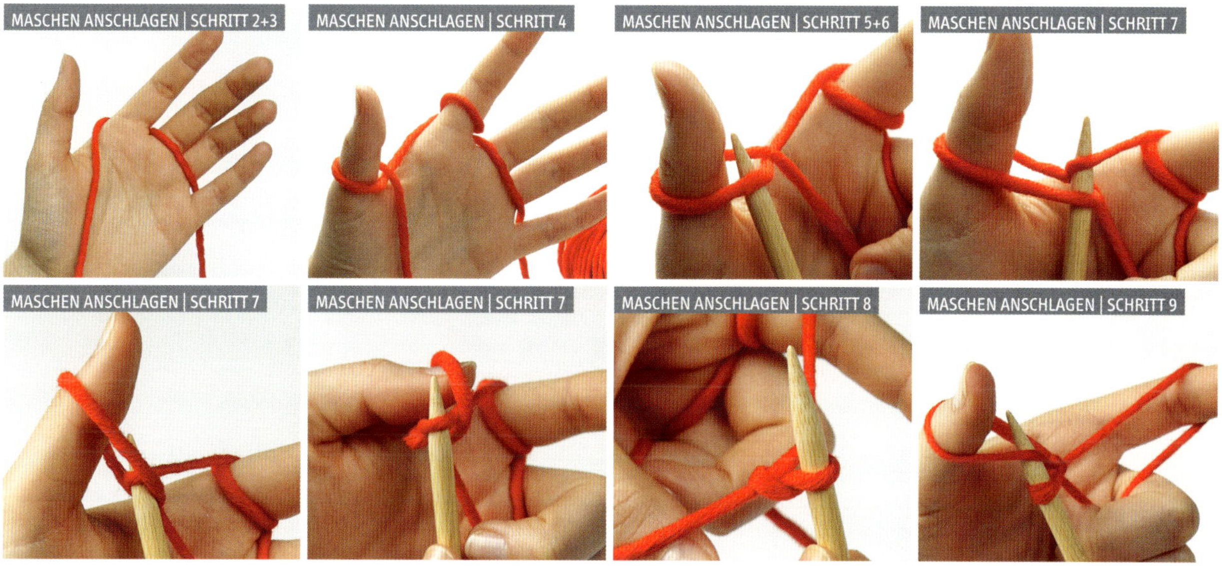

MASCHEN ANSCHLAGEN

Zuerst legst du dir den Wollfaden so um die linke Hand, wie du es auf den Fotos siehst:

1| Halte deine Hand so vor dich, dass du deine Handfläche anschaust.

2| Führe das Fadenende von hinten zwischen kleinem Finger und Ringfinger nach vorne durch.

TIPP » FADEN RICHTIG ABMESSEN » Damit der Faden zum Anschlagen der Maschen ausreicht und noch ein Stück zum Vernähen bleibt, misst du den Faden am besten folgendermaßen ab: Bei den Nadelstärken 6,0 mm, 7,0 mm und 8,0 mm entsprechen 20 Maschen einer Länge von ca. 50 cm. Zum Vernähen brauchst du zusätzlich noch ca. 15 cm. Für den Poncho brauchst du also einen ca. 160 cm langen Faden.

3| Führe das Fadenende zwischen Mittel- und Zeigefinger wieder nach hinten.

4| Wickele den Faden einmal um den Zeigefinger und anschließend einmal von vorne nach hinten um den Daumen, sodass am Daumen eine Fadenschlinge entsteht.

5| Mit Mittelfinger, Ringfinger und kleinem Finger hältst du das Fadenende fest.

6| Jetzt nimmst du eine Nadel in die rechte Hand und stichst von unten nach oben durch die Schlinge am Daumen.

7| Hole den zwischen Zeigefinger und Daumen gespannten Faden mit der Nadel durch die Schlinge und ziehe den Daumen heraus.

8| Ziehe die Masche an beiden Fäden fest.

TIPP » MASCHEN FESTZIEHEN » Achte darauf, deine Masche nicht zu fest zu ziehen, sonst kannst du später nicht mehr so leicht in die Masche einstechen. Die Masche sollte aber auch nicht zu locker sitzen, damit sie nicht von der Nadel rutscht. Am besten ist es, wenn du die Masche leicht auf der Nadel hin und her schieben kannst.

9| Schlage nun die weiteren Maschen an, indem du den Arbeitsfaden um den Zeigefinger wickelst, das Fadenende immer wieder um den Daumen schlingst und den Vorgang wie für die 1. Masche wiederholst.

10| Nach dem Anschlagen der Maschen benötigst du das Fadenende nicht mehr. Es bleibt während des Strickens lose hängen und wird später vernäht.

RECHTE MASCHEN | SCHRITT 2

RECHTE MASCHEN | SCHRITT 3

LINKE MASCHEN | SCHRITT 1

LINKE MASCHEN | SCHRITT 2

Der Poncho wird im Perl- und im Schrägrippenmuster gestrickt. Beide Muster bestehen aus rechten und linken Maschen, die du wie folgt strickst:

RECHTE MASCHEN

1 | Führe den Arbeitsfaden von hinten zwischen kleinem Finger und Ringfinger nach vorne durch und dann wieder zwischen Mittel- und Zeigefinger nach hinten. Wickele dir den Arbeitsfaden zweimal um den Zeigefinger und führe den Faden nun hinter der Nadel vorbei zu deinem Zeigefinger.
2 | Nimm eine Nadel in die rechte Hand und stich von unten nach oben in die oberste Masche ein.
3 | Hole den Faden durch die Masche und lass die Masche von der linken Nadel gleiten.
4 | Nun hast du eine neue Masche auf der Arbeitsnadel. Ziehe sie fest und stricke dann die nächste Masche.

LINKE MASCHEN

1 | Lege den Arbeitsfaden um die Hand, wie bei den rechten Maschen beschrieben. Allerdings führst du den Faden diesmal vor der Nadel vorbei zum Zeigefinger.
2 | Stich von rechts nach links in die oberste Masche ein. Der Arbeitsfaden liegt weiter vor der Nadel. Hole nun den Faden durch die Masche, lass die Masche von der linken Nadel gleiten und ziehe sie fest.

TIPP » LINKE MASCHEN » Damit der Faden leichter durch die Masche geht, kannst du bei den linken Maschen leicht mit dem Daumen nachhelfen.

MASCHENPROBE

Bevor du mit dem eigentlichen Strickmodell beginnst, solltest du unbedingt eine Maschenprobe machen. So findest du heraus, ob du eher fest oder eher locker strickst. Das ist wichtig, damit das fertige Modell später die angegebenen Maße bzw. die richtige Größe hat.
1 | Bei diesem Poncho schlägst du 14 Maschen an und strickst 22 Reihen im Perlmuster.
2 | Dann misst du die Seiten deines gestrickten Quadrates ab. Wenn es ca. 10 cm x 10 cm groß ist, kannst du mit dem Stricken loslegen.

TIPP » ABWEICHENDE MASCHENPROBE » Fallen die Maße deiner Maschenprobe deutlich größer aus, strickst du eher locker und solltest die nächstkleinere Nadelstärke wählen. Ist die Maschenprobe deutlich kleiner, nimmst du einfach die nächstgrößere Nadelstärke.

KNÖTCHENRAND

1 | Hebe die 1. Masche wie zum Rechtsstricken ab und lass sie auf die rechte Nadel gleiten.
2 | Stricke im Muster weiter. Die letzte Masche strickst du rechts ab. Bei diesen Poncho-Rechtecken heißt das dann: 1 Randmasche, 57 Maschen im jeweiligen Muster, 1 Randmasche.

TIPP » RANDMASCHEN FESTZIEHEN » Ziehe die Randmaschen immer schön fest, damit der Rand am Ende schön gleichmäßig aussieht.

KNÖTCHENRAND | SCHRITT 1

KNÖTCHENRAND | SCHRITT 2

PERLMUSTER

SCHRÄGRIPPENMUSTER

ABKETTEN | SCHRITT 1

ABKETTEN | SCHRITT 2

PERLMUSTER

Beim Perlmuster wird über jede rechte Masche jeweils eine linke Masche gestrickt:

1. Reihe: Stricke 1 Masche rechts, 1 Masche links im Wechsel.
2. Reihe: Stricke 1 Masche rechts, 1 Masche links im Wechsel.

Wiederhole die 1. und 2. Reihe fortlaufend.

SCHRÄGRIPPENMUSTER

1. Reihe: Stricke 2 Maschen rechts, 2 Maschen links im Wechsel, ende mit 1 Masche rechts.
2. Reihe: Stricke 2 Maschen rechts, 2 Maschen links im Wechsel, ende mit 1 Masche rechts.
3. Reihe: Stricke 2 Maschen links, 2 Maschen rechts im Wechsel, ende mit 1 Masche links.
4. Reihe: Stricke 2 Maschen links, 2 Maschen rechts im Wechsel, ende mit 1 Masche links.

Wiederhole die 1. bis 4. Reihe fortlaufend.

ANLEITUNG

Für den Poncho strickst du 2 Rechtecke mit Knötchenrand in einer Breite von ca. 50 cm und einer Länge von ca. 80 cm.

1. Rechteck: Schlage 59 Maschen in Tomate an und stricke 168 Reihen (= 80 cm) im Perlmuster. Kette die Maschen locker ab. Schneide den Faden ab und vernähe ihn.

ABKETTEN

Zum Abschluss vieler Strickstücke müssen die Maschen abgekettet werden.

1| Beginne die letzte Reihe, indem du 2 Maschen rechts strickst.

2| Stich dann mit der linken Nadel von links nach rechts in die rechte der beiden Maschen ein und ziehe sie über die linke Masche. Lass die übergezogene Masche von der rechten Nadel gleiten und ziehe den Faden fest.

3| Stricke anschließend wieder 1 rechte Masche und wiederhole den Vorgang, bis alle Maschen abgekettet sind.

TIPP » WIE VERNÄHE ICH SAUBER? » Vernähe das Rechteck auf der Innenseite, damit man die Fäden nicht sieht. Am besten vernähst du den Faden am Muster entlang und wechselst dabei einmal die Richtung (Zurückstechen). Schneide den Faden nicht zu kurz ab, da sich das Rechteck sonst wieder auftrennen könnte. Kontrolliere immer wieder auf der Vorderseite, ob der vernähte Faden auch wirklich nicht zu sehen ist.

2. Rechteck: Schlage 59 Maschen in Flanell meliert an und stricke 168 Reihen (= 80 cm) im Schrägrippenmuster. Kette die Maschen locker ab. Schneide den Faden ab und vernähe ihn.

FERTIGSTELLEN

Füge die beiden Rechtecke aneinander und nähe beide Teile auf der rechten Seite zusammen. Dafür brauchst du eine große Stopfnadel und einen Faden der verwendeten Wolle.

ZUSAMMENNÄHEN

1| Um die Ponchoseiten miteinander zu verbinden, nähst du jeweils die kurze Seite eines Rechteckes mit den Abkett- bzw. Anschlagsmaschen an die Randmaschen des jeweils anderen Rechteckes. Lege dafür die beiden Rechtecke mit der Vorderseite nach oben nebeneinander. Erfasse mit der Stopfnadel den Querfaden zwischen der Randmasche und der 1. Masche und ziehe den Faden durch.

2| Erfasse die 1. Masche des anderen Rechteckes und ziehe den Faden durch. Wiederhole den Vorgang, bis du die ganze kurze Seite angenäht hast. Ziehe den Faden stets nach ca. 2 cm an, damit man später nichts mehr von der Naht sieht. Vernähe die Fäden.

VARIANTE BABY

Größe
42 cm Kopfumfang, 19 cm Armlänge (Hals bis Handgelenk)

Material
- Schachenmayr original Merino Extrafine 40 (LL 40 m/50 g) in Tomate (Fb 330) und Flanell meliert (Fb 391), je 90 g
- Stricknadeln 7,0 mm

ANLEITUNG

Für den Poncho strickst du 2 Rechtecke mit Knötchenrand in einer Breite von ca. 20 cm und einer Länge von ca. 38 cm.

1. Rechteck: Schlage 23 Maschen (= 1 Randmasche, 21 Maschen im Muster, 1 Randmasche) in Tomate an und stricke 80 Reihen (= 38 cm) im Perlmuster. Kette die Maschen locker ab. Schneide den Faden ab und vernähe ihn.
2. Rechteck: Schlage 23 Maschen in Flanell meliert an und stricke 80 Reihen (= 38 cm) im Schrägrippenmuster. Kette die Maschen locker ab. Schneide den Faden ab und vernähe ihn.

Füge die beiden Rechtecke aneinander und nähe beide Teile auf der rechten Seite zusammen.

Schal

Schwierigkeitsgrad 2

Größe
202 cm lang, 20 cm breit

Material

- Schachenmayr original Merino Extrafine 40 (LL 40 m/50 g) in Löwenzahn (Fb 322), Capri (Fb 368), Natur (Fb 302), Marine (Fb 350), Tomate (Fb 330), Wiesengrün (Fb 370), Azalee (Fb 339), Smaragd (Fb 377), Flanell meliert (Fb 391) und Kardinal (Fb 340), je 50 g
- Stricknadeln 7,0 mm

Maschenprobe
Mit Nadeln 7,0 mm im Schachbrettmuster 14 Maschen und 20 Reihen = 10 cm x 10 cm

Das solltest du können:

Nichts! Leg einfach los, du lernst alles von den Omas.

Das lernst du von der Oma:

Wie du Maschen anschlägst
Wie du rechte Maschen strickst
Wie du linke Maschen strickst
Wie du eine Maschenprobe anfertigst
Wie du einen Knötchenrand strickst
Wie du Maschen abkettest
Wie du sauber vernähst

MASCHEN ANSCHLAGEN | SCHRITT 6

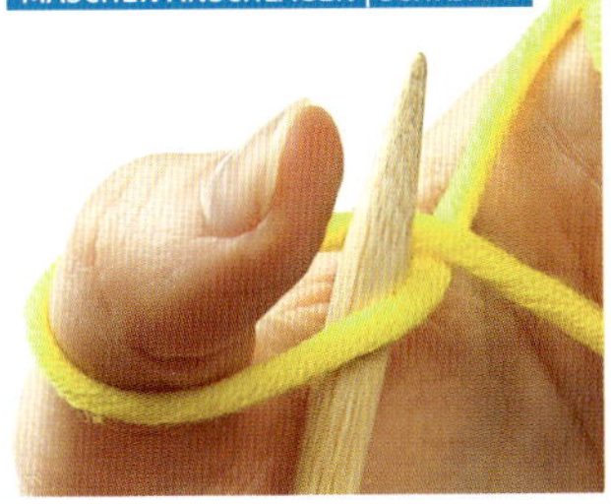

MASCHEN ANSCHLAGEN | SCHRITT 7

RECHTE MASCHEN | SCHRITT 2

RECHTE MASCHEN | SCHRITT 3

MASCHEN ANSCHLAGEN

Zuerst legst du dir den Wollfaden so um die linke Hand, wie du es auf den Fotos siehst:

1| Halte deine Hand so vor dich, dass du deine Handfläche anschaust.

2| Führe das Fadenende von hinten zwischen kleinem Finger und Ringfinger nach vorne durch.

> TIPP » FADEN RICHTIG ABMESSEN » Damit der Faden zum Anschlagen der Maschen ausreicht und noch ein Stück zum Vernähen bleibt, misst du den Faden am besten wie folgt ab: Bei den Nadelstärken 6,0 mm, 7,0 mm und 8,0 mm entsprechen 20 Maschen einer Länge von ca. 50 cm. Zum Vernähen brauchst du zusätzlich noch ca. 15 cm. Bei diesem Schal schlagen wir 27 Maschen an. Es reicht also ein ca. 82 cm langer Faden.

3| Führe das Fadenende zwischen Mittel- und Zeigefinger wieder nach hinten.

4| Wickele den Faden einmal um den Zeigefinger und anschließend einmal von vorne nach hinten um den Daumen herum, sodass am Daumen eine lockere Fadenschlinge entsteht.

5| Mit Mittelfinger, Ringfinger und kleinem Finger hältst du das Fadenende fest.

6| Jetzt nimmst du eine Nadel in die rechte Hand und stichst von unten nach oben durch die Schlinge am Daumen.

7| Hole den zwischen Zeigefinger und Daumen gespannten Faden mit der Nadel durch die Schlinge und ziehe den Daumen heraus.

8| Ziehe die Masche an beiden Fäden fest.

> TIPP » MASCHEN FESTZIEHEN » Achte darauf, deine Masche nicht zu fest zu ziehen, sonst kannst du später nicht mehr so leicht in die Masche einstechen. Sie sollte aber auch nicht zu locker sitzen, damit sie nicht von der Nadel rutscht. Am besten ist es, wenn du die Masche leicht auf der Nadel hin und her schieben kannst.

9| Schlage nun die weiteren Maschen an, indem du den Arbeitsfaden um den Zeigefinger wickelst, das Fadenende immer wieder um den Daumen schlingst und den Vorgang wie für die 1. Masche wiederholst.

10| Nach dem Anschlagen der Maschen benötigst du das Fadenende nicht mehr. Es bleibt während des Strickens lose hängen und wird später vernäht.

Die Muster dieses Schals bestehen aus rechten und linken Maschen, die du folgendermaßen strickst:

RECHTE MASCHEN

1| Führe den Arbeitsfaden von hinten zwischen kleinem Finger und Ringfinger nach vorne durch und dann wieder zwischen Mittel und Zeigefinger nach hinten. Wickele dir den Arbeitsfaden zweimal um den Zeigefinger und führe den Faden nun hinter der Nadel vorbei zu deinem Zeigefinger.

2| Nimm eine Nadel in die rechte Hand und stich von unten nach oben in die oberste Masche ein.

3| Hole den Faden durch die Masche und lass die Masche von der linken Nadel gleiten.

4| Nun hast du eine neue Masche auf der Arbeitsnadel. Ziehe sie fest und stricke dann die nächste Masche.

LINKE MASCHEN

1| Lege den Arbeitsfaden um die Hand, wie bei den rechten Maschen beschrieben. Im Unterschied zu den rechten Maschen, führst du den Faden diesmal vor der Nadel vorbei zum Zeigefinger.

2| Stich von rechts nach links in die oberste Masche ein. Der Arbeitsfaden liegt weiter vor der Nadel. Hole nun den Faden durch die Masche, lass die Masche von der linken Nadel gleiten und ziehe sie fest.

TIPP » LINKE MASCHEN » Damit der Faden leichter durch die Masche geht, kannst du bei den linken Maschen leicht mit dem Daumen nachhelfen.

MASCHENPROBE

Bevor du mit dem eigentlichen Strickmodell beginnst, solltest du unbedingt eine Maschenprobe machen. So findest du heraus, ob du eher fest oder eher locker strickst. Das ist wichtig, damit das fertige Modell später die angegebenen Maße bzw. die richtige Größe hat.

1| Bei diesem Schal schlägst du für die Maschenprobe 14 Maschen an und strickst 20 Reihen im Schachbrettmuster.

2| Dann misst du die Seiten deines gestrickten Quadrates ab. Wenn es ca. 10 cm x 10 cm groß ist, kannst du mit dem Stricken loslegen.

TIPP » ABWEICHENDE MASCHENPROBE » Fallen die Maße deiner Maschenprobe deutlich größer aus, strickst du eher locker und solltest die nächstkleinere Nadelstärke wählen. Ist die Maschenprobe deutlich kleiner, nimmst du einfach die nächstgrößere Nadelstärke.

KNÖTCHENRAND

Bei einem Schal ist ein sauberer Rand besonders wichtig. Deshalb strickst du dafür den Knötchenrand:

1| Hebe die 1. Masche wie zum Rechtsstricken ab und lass sie auf die rechte Nadel gleiten.

2| Stricke im Muster weiter. Die letzte Masche strickst du rechts ab. Bei diesem Schal heißt das dann:
1 Randmasche, 25 Maschen im jeweiligen Muster, 1 Randmasche.

TIPP » RANDMASCHEN FESTZIEHEN » Ziehe die Randmaschen immer schön fest, damit der Rand am Ende schön gleichmäßig aussieht.

RIPPENMUSTER (MUSTER 1)

1. Reihe: Stricke 1 Masche rechts, 1 Masche links im Wechsel.
2. Reihe: Stricke 1 Masche links, 1 Masche rechts im Wechsel.

Wiederhole die 1. und 2. Reihe fortlaufend.

SCHACHBRETTMUSTER (MUSTER 2)

1. Reihe: Stricke 5 Maschen rechts, 5 Maschen links im Wechsel.
2. Reihe: Stricke 5 Maschen links, 5 Maschen rechts im Wechsel.
3. Reihe: Stricke 5 Maschen rechts, 5 Maschen links im Wechsel.
4. Reihe: Stricke 5 Maschen links, 5 Maschen rechts im Wechsel.
5. Reihe: Stricke 5 Maschen links, 5 Maschen rechts im Wechsel.
6. Reihe: Stricke 5 Maschen rechts, 5 Maschen links im Wechsel.
7. Reihe: Stricke 5 Maschen links, 5 Maschen rechts im Wechsel.
8. Reihe: Stricke 5 Maschen rechts, 5 Maschen links im Wechsel.

Wiederhole die 1. bis 8. Reihe fortlaufend.

SPALIERMUSTER (MUSTER 3)

1. Reihe: Stricke 1 Masche rechts, 1 Masche links im Wechsel.
2. Reihe: Stricke 1 Masche links, 1 Masche rechts im Wechsel.
3. Reihe: Stricke rechte Maschen.
4. Reihe: Stricke rechte Maschen.

Wiederhole die 1. bis 4. Reihe fortlaufend.

PERLMUSTER (MUSTER 4)

Beim Perlmuster wird über jede rechte Masche jeweils eine linke Masche gestrickt:

1. Reihe: Stricke 1 Masche rechts, 1 Masche links im Wechsel.
2. Reihe: Stricke 1 Masche rechts, 1 Masche links im Wechsel.

Wiederhole die 1. und 2. Reihe fortlaufend.

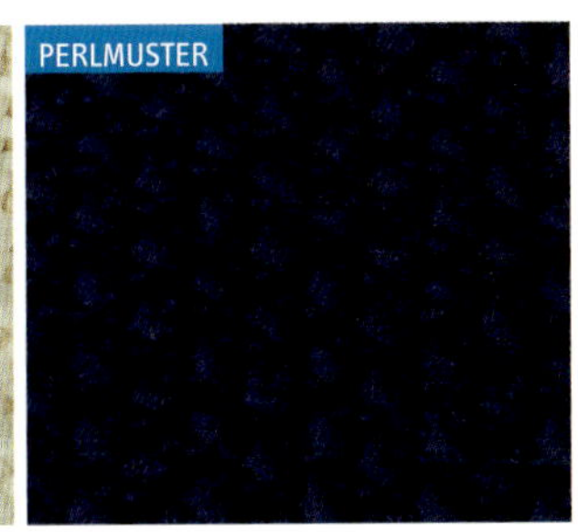

SCHRÄGRIPPENMUSTER (MUSTER 5)

1. Reihe: Stricke 2 Maschen rechts, 2 Maschen links im Wechsel, ende mit 1 Masche rechts.
2. Reihe: Stricke 2 Maschen rechts, 2 Maschen links im Wechsel, ende mit 1 Masche rechts.
3. Reihe: Stricke 2 Maschen links, 2 Maschen rechts im Wechsel, ende mit 1 Masche links.
4. Reihe: Stricke 2 Maschen links, 2 Maschen rechts im Wechsel, ende mit 1 Masche links.

Wiederhole die 1. bis 4. Reihe fortlaufend.

KRAUS RECHTS (MUSTER 6)

1. Reihe: Stricke rechte Maschen.
2. Reihe: Stricke rechte Maschen.

Wiederhole die 1. und 2. Reihe fortlaufend.

GRANITMUSTER (MUSTER 7)

1. Reihe: Stricke rechte Maschen.
2. Reihe: Stricke linke Maschen.
3. Reihe: Stricke 1 Masche links, 1 Masche rechts im Wechsel.
4. Reihe: Stricke 1 Masche links, 1 Masche rechts im Wechsel.
5. Reihe: Stricke rechte Maschen.
6. Reihe: Stricke linke Maschen.
7. Reihe: Stricke 1 Masche rechts, 1 Masche links im Wechsel.
8. Reihe: Stricke 1 Masche links, 1 Masche rechts im Wechsel.

Wiederhole die 1. bis 8. Reihe fortlaufend.

DREIECKSMUSTER (MUSTER 8)

1. Reihe: Stricke rechte Maschen.
2. Reihe: Stricke 1 Masche rechts, 4 Maschen links im Wechsel.
3. Reihe: Stricke 3 Maschen rechts, 2 Maschen links im Wechsel.
4. Reihe: Stricke 3 Maschen rechts, 2 Maschen links im Wechsel.
5. Reihe: Stricke 1 Masche rechts, 4 Maschen links im Wechsel.
6. Reihe: Stricke rechte Maschen.

Wiederhole die 1. bis 6. Reihe fortlaufend.

GROSSES PERLMUSTER (MUSTER 9)

1. Reihe: Stricke 1 Masche rechts, 1 Masche links im Wechsel.
2. Reihe: Stricke 1 Masche links, 1 Masche rechts im Wechsel.
3. Reihe: Stricke 1 Masche links, 1 Masche rechts im Wechsel.
4. Reihe: Stricke 1 Masche rechts, 1 Masche links im Wechsel.

Wiederhole 1. bis 4. Reihe fortlaufend.

ANLEITUNG

Schlage 27 Maschen (die Randmaschen sind schon mitgezählt) in Löwenzahn an und stricke im Rippenmuster (Muster 1), bis das Knäuel zu Ende ist. Stricke danach die Muster 2 bis 9 und verstricke dabei jeweils ein Knäuel Wolle in der folgenden Reihenfolge: Capri, Natur, Marine, Tomate, Wiesengrün, Azalee, Smaragd und Flanell meliert. Beginne mit der neuen Farbe jeweils in einer neuen Reihe.

132 S., 21 x 28 cm, HC
ISBN 978-3-7724-**5894**-1
€ (D) 9,99

160 S., 21 x 28 cm, HC
ISBN 978-3-7724-**5938**-2
€ (D) 19,99

144 S., 23 x 25 cm, HC
ISBN 978-3-7724-**6344**-0
€ (D) 19,99

144 S., 23 x 24 cm, HC
ISBN 978-3-7724-**5917**-7
€ (D) 12,99

64 S., 16 x 17 cm, HC
ISBN 978-3-7724-**5915**-3
€ (D) 9,99

64 S., 16 x 17 cm, HC
ISBN 978-3-7724-**5916**-0
€ (D) 9,99

160 S., 24 x 26 cm, HC
ISBN 978-3-7724-**5865**-1
€ (D) 19,99

480 S., 21 x 28 cm, HC,
Magnetlesezeichen
ISBN 978-3-7724-**5827**-9
€ (D) 19,99

224 S., 21 x 28 cm, HC
ISBN 978-3-7724-**5187**-4
€ (D) 12,99

96 S., 22 x 23 cm, HC
ISBN 978-3-7724-**5870**-5
€ (D) 14,99

120 S., 21 x 28 cm, HC
ISBN 978-3-7724-**5949**-8
€ (D) 16,99

120 S., 21 x 28 cm, HC
ISBN 978-3-7724-**5948**-1
€ (D) 16,99

112 S., 22 x 23 cm, HC
ISBN 978-3-7724-**5948**-1
€ (D) 14,99

132 S., 21 x 28 cm, HC
ISBN 978-3-7724-**5930**-6
€ (D) 14,99

132 S., 24 x 26 cm, HC
ISBN 978-3-7724-**5932**-0
€ (D) 16,99

132 S., 23 x 26 cm, HC
ISBN 978-3-7724-**5931**-3
€ (D) 19,99

80 S., 22 x 23 cm, HC
ISBN 978-3-7724-**6345**-7
€ (D) 14,99

www.topp-kreativ.de

128 S., 21 x 28 cm, HC
ISBN 978-3-7724-**5688**-6
€ (D) 12,99

128 S., 21 x 28 cm, HC
ISBN 978-3-7724-**5687**-9
€ (D) 12,99

144 S., 21 x 28 cm, HC
ISBN 978-3-7724-**5680**-0
€ (D) 16,99

96 S., 22 x 23 cm, HC
ISBN 978-3-7724-**5686**-2
€ (D) 14,99

132 S., 20,5 x 26,5 cm, HC
ISBN 978-3-7724-**5675**-6
€ (D) 14,99

64 S., 21 x 28 cm, HC
ISBN 978-3-7724-**5782**-1
€ (D) 14,99

128 S., 23 x 22 cm, HC
ISBN 978-3-7724-**5873**-6
€ (D) 16,99

64 S., 20 x 26 cm, HC
ISBN 978-3-7724-**5685**-5
€ (D) 9,99

132 S., 21 x 28 cm, HC
ISBN 978-3-7724-**6337**-2
€ (D) 16,99

112 S., 22 x 23 cm, HC
ISBN 978-3-7724-**6339**-6
€ (D) 16,99

176 S., 21 x 28 cm, HC
ISBN 978-3-7724-**6797**-4
€ (D) 22,00

120 S., 22 x 23 cm, HC
ISBN 978-3-7724-**6329**-7
€ (D) 16,99

320 S., 21 x 28 cm, HC
ISBN 978-3-7724-**6744**-8
€ (D) 24,99

320 S., 21 x 28 cm, HC
ISBN 978-3-7724-**6745**-5
€ (D) 24,99

160 S., 20 x 26 cm, HC
ISBN 978-3-7724-**6790**-5
€ (D) 16,99

144 S., 21 x 28 cm, HC
ISBN 978-3-7724-**6785**-1
€ (D) 19,99

192 S., 23 x 30 cm, HC
ISBN 978-3-7724-**6196**-5
€ (D) 14,99

240 S., 23 x 30 cm, HC
ISBN 978-3-7724-**6062**-3
€ (D) 14,90

128 S., 21 x 27,28 cm, HC
ISBN 978-3-7724-**6194**-1
€ (D) 19,99

208 S., 21x 28 cm, HC
ISBN 978-3-7724-**6270**-2
€ (D) 24,90

96 S., 22 x 23 cm, HC
ISBN 978-3-7724-**6248**-1
€ (D) 14,99

160 S., 21 x 28 cm, HC
ISBN 978-3-7724-**6216**-0
€ (D) 14,99

96 S., 23 x 24 cm, HC
ISBN 978-3-7724-**6295**-5
€ (D) 16,99

144 S., 23 x 25 cm, HC
ISBN 978-3-7724-**5061**-7
€ (D) 24,99

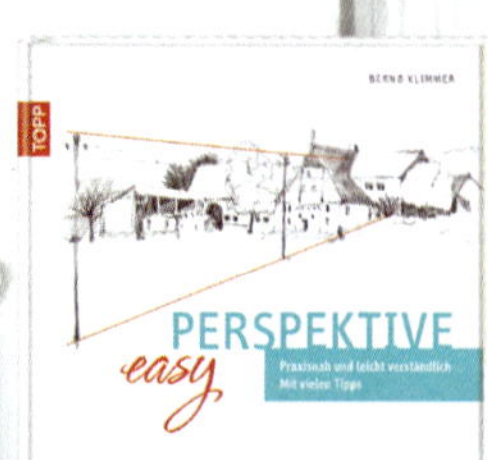

96 S., 24 x 22 cm, HC
ISBN 978-3-7724-**6298**-6
€ (D) 14,99

128 S., 21 x 28 cm, HC
ISBN 978-3-7724-**6184**-2
€ (D) 16,99

160 S., 22 x 26 cm, HC
ISBN 978-3-7724-**6189**-7
€ (D) 16,99

196 S., 19 x 27 cm, HC
ISBN 978-3-7724-**6191**-0
€ (D) 9,99

GROSSES PERLMUSTER

ABKETTEN | SCHRITT 1

ABKETTEN | SCHRITT 2

ABKETTEN | SCHRITT 2

TIPP » WIE BEKOMME ICH EINE SAUBERE TRENNUNG BEIM FARBWECHSEL HIN? » Nimm den Faden des neuen Knäuels wie gewohnt auf und stricke ab der 1. Masche der neuen Reihe einfach mit der neuen Farbe weiter. Liegt der Farbwechsel zwischen den Mustern auf der Vorderseite, dann stricke 1 Reihe rechte Maschen mit der neuen Farbe. Liegt er zwischen den Mustern auf der Rückseite, dann stricke 1 Reihe linke Maschen mit der neuen Farbe, damit eine saubere Farbtrennung gelingt. Beginne erst danach mit dem neuen Muster.

Schließe bei Muster 2 und Muster 8 jeweils nach einem Mustersatz ab.

TIPP » WAS IST EIN MUSTERSATZ? » Bevor sich das Muster wiederholt, ist ein Mustersatz zu Ende. Hier hast du als Beispiel den Mustersatz des Dreiecksmusters:

1. Reihe: Stricke rechte Maschen.
2. Reihe: Stricke 1 Masche rechts, 4 Maschen links im Wechsel.
3. Reihe: Stricke 3 Maschen rechts, 2 Maschen links im Wechsel.
4. Reihe: Stricke 3 Maschen rechts, 2 Maschen links im Wechsel.
5. Reihe: Stricke 1 Masche rechts, 4 Maschen links im Wechsel.
6. Reihe: rechte Maschen stricken.

FARBWECHSEL

FARBWECHSEL

Verstricke zum Schluss noch ein Knäuel im Rippenmuster in Kardinal. Kette die Maschen locker ab. Schneide den Faden ab und vernähe die Fäden.

ABKETTEN

Zum Abschluss vieler Strickstücke müssen die Maschen abgekettet werden.

1| Beginne die letzte Reihe, indem du 2 Maschen rechts strickst.

2| Stich dann mit der linken Nadel von links nach rechts in die rechte der beiden Maschen ein und ziehe sie über die linke Masche. Lass die übergezogene Masche von der rechten Nadel gleiten und ziehe den Faden fest. Stricke anschließend wieder 1 rechte Masche und wiederhole den Vorgang, bis alle Maschen abgekettet sind.

TIPP » WIE VERNÄHE ICH SAUBER? » Vernähe beim Schal immer auf der Innenseite, damit man die Fäden nicht sieht. Am besten vernähst du den Faden im gleichfarbigen Bereich, am Muster entlang, und wechselst dabei einmal die Richtung (Zurückstechen). Schneide den Faden nicht zu kurz ab, da sich dein Schal sonst wieder auftrennen könnte. Kontrolliere immer wieder auf der Vorderseite, ob der vernähte Faden auch wirklich nicht zu sehen ist.

FARBVARIANTE

Stricke die Muster in oben angegebener Reihenfolge mit folgenden Farben: Flanell meliert, Capri, Natur, Marine, Natur, Capri, Flanell meliert, Natur, Marine.

VARIANTE KINDER

Größe
160 cm lang, 12 cm breit

Material
- Schachenmayr original Merino Extrafine 40 (LL 40 m/50 g) in Capri (Fb 368), 100 g, und in Burgund (Fb 333) und Azalee (Fb 339), je 75 g
- Stricknadeln 7,0 mm

ANLEITUNG

Schlage 17 Maschen in Capri an (die Randmaschen sind hier schon mitgezählt) und stricke im Rippenmuster 17 cm hoch. Stricke die Muster 2 bis 9 in den folgenden Farben je 17 cm hoch: Burgund, Azalee, Capri, Burgund, Azalee, Capri, Burgund, Azalee. Schließe bei den Mustern 2 und 8 jeweils nach einem Mustersatz ab.

Wichtig: Beachte bei Muster 5 die folgende abweichende Anleitung:

1. Reihe: Stricke 2 Maschen rechts, 2 Maschen links im Wechsel, ende mit 1 Masche links.

2. Reihe: Stricke 2 Maschen rechts, 2 Maschen links im Wechsel, ende mit 1 Masche links.

3. Reihe: Stricke 2 Maschen links, 2 Maschen rechts im Wechsel, ende mit 1 Masche rechts.

4. Reihe: Stricke 2 Maschen links, 2 Maschen rechts im Wechsel, ende mit 1 Masche rechts.

Wiederhole die 1. bis 4. Reihe fortlaufend.
Vergiss für eine saubere Farbtrennung beim Farbwechsel zwischen den Mustern die Reihe mit den rechten bzw. linken Maschen nicht.
Stricke zum Abschluss noch einmal im Rippenmuster (Muster 1) in Capri 17 cm hoch. Kette die Maschen locker ab. Schneide den Faden ab und vernähe die Fäden.

VARIANTE BABY

Größe
86 cm lang, 9 cm breit

Material
- Schachenmayr original Merino Extrafine 40 (LL 40 m/50 g) in Tomate (Fb 330) und Capri (Fb 368), je 35 g, und in Löwenzahn (Fb 322) und Marine (Fb 350), je 20 g
- Stricknadeln 7,0 mm

ANLEITUNG

Schlage 12 Maschen in Tomate an (die Randmaschen sind hier schon mitgezählt) und stricke im Rippenmuster 14 cm hoch. Stricke anschließend die folgenden Muster je 14 cm hoch: Schachbrettmuster in Capri, großes Perlmuster in Löwenzahn, Schrägrippenmuster in Capri und kraus rechts in Marine.
Schließe beim Schachbrettmuster (Muster 2) nach einem Mustersatz ab.
Wichtig: Beachte beim Schrägrippenmuster (Muster 5) die folgende abweichende Anleitung:
1. Reihe: Stricke 2 Maschen rechts, * 2 Maschen links, 2 Maschen rechts.
Wiederhole ab * bis zum Reihenende und ende mit 2 Maschen rechts.
2. Reihe: Stricke 1 Masche links, * 2 Maschen rechts, 2 Maschen links, wiederhole ab * bis zum Reihenende und ende mit 1 Masche rechts.
3. Reihe: Stricke 2 Maschen links, 2 Maschen rechts im Wechsel, ende mit 2 Maschen links.

4. Reihe: Stricke 1 Masche rechts, * 2 Maschen links, 2 Maschen rechts, wiederhole ab * bis zum Reihenende und ende mit 1 Masche links.
Wiederhole die 1. bis 4. Reihe fortlaufend.
Vergiss für eine saubere Farbtrennung beim Farbwechsel zwischen den Mustern die Reihe mit den rechten bzw. linken Maschen nicht.
Stricke zum Abschluss noch einmal im Rippenmuster (Muster 1) in Tomate 14 cm hoch. Kette die Maschen locker ab. Schneide den Faden ab und vernähe die Fäden.

Beanie

Schwierigkeitsgrad 3

Größe
S/M/L
24 cm/25 cm/26 cm hoch
Die Angaben für Größe S stehen vor dem 1. Schrägstrich, für Größe M zwischen den Schrägstrichen und für Größe L nach dem 2. Schrägstrich. Steht nur eine Angabe gilt diese für alle Größen.

Material
- Schachenmayr original Merino Extrafine 40 (LL 40 m/50 g) in Flanell meliert (Fb 391), 140 g, und in Wiesengrün (Fb 370), Azalee (Fb 339) und Capri (Fb 368), je 5 g
- Nadelspiel 7,0 mm

Maschenprobe
Mit Nadeln 7,0 mm im Perlmuster
14 Maschen und 22 Reihen = 10 cm x 10 cm

Das solltest du können:

Nichts! Leg einfach los, du lernst alles von den Omas.

Das lernst du von der Oma:

Wie du Maschen anschlägst
Wie du mit Nadelspiel strickst
Wie du rechte Maschen strickst
Wie du linke Maschen strickst
Wie du eine Maschenprobe anfertigst
Wie du Maschen zunimmst
Wie du Maschen zusammenstrickst
Wie du sauber vernähst

MASCHEN ANSCHLAGEN | SCHRITT 6

MASCHEN ANSCHLAGEN | SCHRITT 6

MASCHEN ANSCHLAGEN | SCHRITT 9

MASCHEN ANSCHLAGEN | SCHRITT 9

MASCHEN ANSCHLAGEN

Zuerst legst du dir den Wollfaden so um die linke Hand, wie du es auf den Fotos siehst:

1| Halte deine Hand so vor dich, dass du deine Handfläche anschaust.

2| Führe das Fadenende von hinten zwischen kleinem Finger und Ringfinger nach vorne durch.

> TIPP » FADEN RICHTIG ABMESSEN » Damit der Faden zum Anschlagen der Maschen ausreicht und noch ein Stück zum Vernähen bleibt, misst du den Faden am besten folgendermaßen ab: Bei den Nadelstärken 6,0 mm, 7,0 mm und 8,0 mm entsprechen 20 Maschen einer Länge von ca. 50 cm. Zum Vernähen brauchst du zusätzlich noch ca. 15 cm. Bei dieser Mütze schlägst du je nach Größe 52/54/60 Maschen an. Es reicht also ein ca. 150 cm bzw. 165 cm langer Faden.

3| Führe das Fadenende zwischen Mittel- und Zeigefinger wieder nach hinten.

4| Wickele den Faden einmal um den Zeigefinger und anschließend einmal von vorne nach hinten um den Daumen, sodass am Daumen eine Fadenschlinge entsteht.

5| Mit Mittelfinger, Ringfinger und kleinem Finger hältst du das Fadenende fest.

6| Jetzt nimmst du eine Nadel in die rechte Hand und stichst von unten nach oben durch die Schlinge am Daumen.

7| Hole den zwischen Zeigefinger und Daumen gespannten Faden mit der Nadel durch die Schlinge und ziehe den Daumen heraus.

8| Ziehe die Masche an beiden Fäden fest.

> TIPP » MASCHEN FESTZIEHEN » Achte darauf, deine Masche nicht zu fest zu ziehen, sonst kannst du später nicht mehr so leicht in die Masche einstechen. Die Masche sollte aber auch nicht zu locker sitzen, damit sie nicht von der Nadel rutscht. Am besten ist es, wenn du die Masche leicht auf der Nadel hin und her schieben kannst.

9| Schlage nun die weiteren Maschen an, indem du den Arbeitsfaden um den Zeigefinger wickelst, das Fadenende immer wieder um den Daumen schlingst und den Vorgang wie für die 1. Masche wiederholst. Schlage auf der 1. Nadel die Hälfte der Maschen an. Nimm dann die 2. Nadel und schlage damit die restlichen Maschen an. Ziehe dabei die 1. Masche der neuen Nadel fest an, damit die beiden Nadeln fest miteinander verbunden werden und später kein Loch entsteht. Anschließend verteilst du die Maschen gleichmäßig auf die 4 Nadeln. Jetzt schließt du zur Runde, indem du die 1. Masche der 1. Nadel abstrickst.

> TIPP » ANSCHLAGKANTE NICHT VERDREHEN » Achte unbedingt darauf, dass die Anschlagkante nicht verdreht ist, wenn du zur Runde schließt. Sonst musst du später alles wieder auftrennen. Lege die Nadeln zunächst vor dich auf den Tisch und stelle sicher, dass die Anschlagkante nach innen zeigt. Erst dann nimmst du die beiden Nadeln auf, mit denen du zur Runde schließt, und strickst die 1. Masche ab.

10| Nach dem Anschlagen der Maschen benötigst du das Fadenende nicht mehr. Es bleibt während des Strickens lose hängen und wird später vernäht.

RECHTE MASCHEN | SCHRITT 2

RECHTE MASCHEN | SCHRITT 3

LINKE MASCHEN | SCHRITT 1

LINKE MASCHEN | SCHRITT 2

Das Perlmuster besteht aus rechten und linken Maschen, die du wie folgt strickst:

RECHTE MASCHEN

1 | Führe den Arbeitsfaden von hinten zwischen kleinem Finger und Ringfinger nach vorne durch und dann wieder zwischen Mittel- und Zeigefinger nach hinten. Wickele dir den Arbeitsfaden zweimal um den Zeigefinger und führe den Faden nun hinter der Nadel vorbei zu deinem Zeigefinger.

2 | Nimm eine Nadel in die rechte Hand und stich von unten nach oben in die oberste Masche ein.

3 | Hole den Faden durch die Masche und lass die Masche von der linken Nadel gleiten.

4 | Nun hast du eine neue Masche auf der Arbeitsnadel. Ziehe sie fest und stricke dann die nächste Masche.

LINKE MASCHEN

1 | Lege den Arbeitsfaden um die Hand, wie bei den rechten Maschen beschrieben. Im Unterschied zu den rechten Maschen, führst du den Faden diesmal vor der Nadel vorbei zum Zeigefinger.

2 | Stich von rechts nach links in die oberste Masche ein. Der Arbeitsfaden liegt weiter vor der Nadel. Hole nun den Faden durch die Masche, lass die Masche von der linken Nadel gleiten und ziehe sie fest.

TIPP » LINKE MASCHEN » Damit der Faden leichter durch die Masche geht, kannst du bei den linken Maschen leicht mit dem Daumen nachhelfen.

MASCHENPROBE

Bevor du mit dem eigentlichen Strickmodell beginnst, solltest du unbedingt eine Maschenprobe machen. So findest du heraus, ob du eher fest oder eher locker strickst. Das ist wichtig, damit das fertige Modell später die angegebenen Maße bzw. die richtige Größe hat.

1 | Bei dieser Mütze schlägst du 14 Maschen an und strickst 22 Reihen im Perlmuster.

2 | Dann misst du die Seiten deines gestrickten Quadrates ab. Wenn es ca. 10 cm x 10 cm groß ist, kannst du mit dem Stricken loslegen.

TIPP » ABWEICHENDE MASCHENPROBE » Fallen die Maße deiner Maschenprobe deutlich größer aus, strickst du eher locker und solltest die nächstkleinere Nadelstärke wählen. Ist die Maschenprobe deutlich kleiner, nimmst du einfach die nächstgrößere Nadelstärke.

RIPPENMUSTER

1. Runde: Stricke 1 Masche rechts, 1 Masche links im Wechsel.
2. Runde: Stricke 1 Masche rechts, 1 Masche links im Wechsel.

Wiederhole die 1. und die 2. Runde fortlaufend.

PERLMUSTER

1. Runde: Stricke 1 Masche rechts, 1 Masche links im Wechsel.
2. Runde: Stricke 1 Masche links, 1 Masche rechts im Wechsel.

Wiederhole die 1. und 2. Runde fortlaufend.

KRAUS RECHTS

1. Runde: Stricke rechte Maschen.
2. Runde: Stricke linke Maschen.

Wiederhole die 1. und 2. Runde fortlaufend.

ANLEITUNG

Schlage 52/56/60 Maschen in Flanell meliert an, verteile die Maschen gleichmäßig auf 4 Nadeln und schließe zur Runde. Stricke 6 Runden im Rippenmuster.

TIPP » NADELÜBERGÄNGE » Ziehe die Maschen an den Nadelübergängen immer fest an. So vermeidest du zu große, lockere Maschen, die dann später im Maschenbild unschön auffallen. Verteile die Maschen am besten so auf die Nadeln, dass du auf jeder neuen Nadel zuerst 1 rechte Masche strickst.

In der nächsten Runde, die du wie die Runden zuvor im Rippenmuster strickst, nimmst du am Rundenende 1 Masche zu (= 53/57/61 Maschen).

MASCHEN ZUNEHMEN

1| Stich mit der linken Nadel von vorne unter den Querfaden ein, der die eben gestrickte Masche und die noch zu strickende Masche auf der linken Nadel verbindet.

2| Stich mit der rechten Nadel hinten in die neue Masche ein und stricke sie rechts ab. Dadurch wird die Masche verschränkt gestrickt, sodass kein Loch entsteht.

Stricke 2 Runden kraus rechts in Wiesengrün, 1 Runde rechte Maschen in Flanell meliert, 4 Runden im Perlmuster in Flanell meliert, 2 Runden kraus rechts in Azalee, 1 Runde rechte Maschen in Flanell meliert, 16 Runden im Perlmuster in Flanell meliert, 2 Runden kraus rechts in Capri, 1 Runde rechte Maschen in Flanell meliert und 11/13/15 Runden im Perlmuster in Flanell meliert. Stricke noch 1 weitere Runde im Perlmuster in Flanell meliert und stricke dabei am Rundenende 2 Maschen rechts zusammen (= 52/56/60 Maschen).

MASCHEN ZUSAMMENSTRICKEN

Stich durch die beiden Maschen, die du zusammenstricken möchtest, und stricke sie wie eine rechte Masche ab.

Arbeite nun die Abnahmen und behalte das Perlmuster bei.

1. Runde für Größe S: Stricke 13 Maschen, 2 Maschen rechts zusammen, 20 Maschen, 2 Maschen rechts zusammen, 13 Maschen, 2 Maschen rechts zusammen (= 49 Maschen)

1. Runde für Größen M/L: Stricke * 6/8 Maschen, 2 Maschen rechts zusammen. Wiederhole ab * fortlaufend bis zum Rundenende (= 49/54 Maschen).

2. Runde: Stricke ohne Abnahmen. Stricke dabei die Abnahmemaschen rechts.

3. Runde: Stricke * 5/5/7 Maschen, 2 Maschen rechts zusammen. Wiederhole ab * fortlaufend bis zum Rundenende (= 42/42/48 Maschen).

4. Runde: Stricke ohne Abnahmen. Stricke dabei die Abnahmemaschen rechts.

5. Runde: Stricke * 4/4/6 Maschen, 2 Maschen rechts zusammen. Wiederhole ab * fortlaufend bis zum Rundenende (= 35/35/42 Maschen).

MASCHEN ZUSAMMENSTRICKEN

MASCHEN ZUSAMMENSTRICKEN

FERTIGSTELLEN | FADEN DURCH MASCHEN ZIEHEN

FERTIGSTELLEN | VERNÄHEN

6. Runde: Stricke * 3/3/5 Maschen, 2 Maschen rechts zusammen, wiederhole ab * fortlaufend bis zum Rundenende (= 28/28/36 Maschen).

7. Runde: Stricke * 2/2/4 Maschen, 2 Maschen rechts zusammen. Wiederhole ab * fortlaufend bis zum Rundenende (= 21/21/30 Maschen).

8. Runde: Stricke * 1/1/3 Maschen, 2 Maschen rechts zusammen. Wiederhole ab * fortlaufend bis zum Rundenende (= 14/14/24 Maschen).

9. Runde (nur für Größe L): Stricke * 2 Maschen, 2 Maschen rechts zusammen. Wiederhole ab * fortlaufend bis zum Rundenende (= 18 Maschen). Diese Runde entfällt für die Größen S/M.

10. Runde (nur für Größe L): Stricke * 1 Masche, 2 Maschen rechts zusammen, wiederhole ab * fortlaufend bis zum Rundenende (= 12 Maschen). Diese Runde entfällt für die Größen S/M.

11. Runde: Stricke jeweils 2 Maschen rechts zusammen bis zum Rundenende (= 7/7/6 Maschen).

FERTIGSTELLEN

Schneide den Faden ab und ziehe ihn durch die restlichen Maschen. Vernähe die Fäden.

TIPP » WIE VERNÄHE ICH SAUBER? » Vernähe die Fäden auf der Innenseite der Mütze, damit man sie nicht sieht. Am besten vernähst du den Faden im gleichfarbigen Bereich, am Muster entlang, und wechselst einmal dabei die Richtung (Zurückstechen). Schneide den Faden nicht zu kurz ab, da sich deine Mütze sonst wieder auftrennen könnte. Kontrolliere immer wieder auf der Vorderseite, ob der vernähte Faden auch wirklich nicht zu sehen ist.

FARBVARIANTEN

AZALEE/BURGUND/CAPRI

Stricke 7 Runden im Rippenmuster in Azalee, 2 Runden kraus rechts in Burgund, 1 Runde rechte Maschen in Azalee, 4 Runden im Perlmuster in Azalee, 2 Runden kraus rechts in Capri, 1 Runde rechte Maschen in Azalee, 8 Runden im Perlmuster in Azalee, 2 Runden kraus rechts in Burgund, 1 Runde rechte Maschen in Azalee. Stricke die restlichen Runden in Azalee.

MARINE/CAPRI/FLANELL MELIERT/NATUR

Stricke 7 Runden im Rippenmuster in Marine, 6 Runden im Perlmuster in Marine, 2 Runden kraus rechts in Capri, 1 Runde rechte Maschen in Marine, 5 Runden im Perlmuster in Marine, 2 Runden kraus rechts in Flanell meliert, 1 Runde rechte Maschen in Marine meliert, 5 Runden im Perlmuster in Marine, 2 Runden kraus rechts in Natur, 1 Runde rechte Maschen in Marine. Stricke die restlichen Runden in Marine.

VARIANTE BABY

Größe
14 cm hoch

Material
- Schachenmayr original Merino Extrafine 40 (LL 40 m/50 g) in Capri (Fb 368), 40 g, und in Löwenzahn (Fb 322), Marine (Fb 350) und Tomate (Fb 330), je 8 g
- Nadelspiel 7,0 mm

ANLEITUNG

Schlage 46 Maschen in Capri an, verteile die Maschen gleichmäßig auf 4 Nadeln und schließe zur Runde. Stricke 4 Runden im Rippenmuster und nimm dabei in der letzten Runde am Rundenende 1 Masche zu (= 47 Maschen).
Stricke 3 Runden im Perlmuster in Capri, 2 Runden kraus rechts in Löwenzahn, 2 Runden kraus rechts in Marine, 1 Runde rechte Maschen in Capri, 2 Runden im Perlmuster in Capri, 2 Runden kraus rechts in Marine, 2 Runden kraus rechts in Tomate, 1 Runde rechte Maschen in Capri, 2 Runden im Perlmuster in Capri, 2 Runden kraus rechts in Tomate, 2 Runden kraus rechts in Löwenzahn, 1 Runde rechte Maschen in Capri. Stricke dann 1 Runde im Perlmuster in Capri und stricke dabei am Rundenende 2 Maschen rechts zusammen (= 46 Maschen).

Arbeite nun die Abnahmen und behalte das Perlmuster bei:
1. Runde: Stricke * 4 Maschen, 2 Maschen rechts zusammen. Wiederhole ab * fortlaufend bis zum Rundenende. Am Rundenende bleiben 4 Maschen übrig, die im Muster gestrickt werden (= 39 Maschen).
2. Runde: Stricke ohne Abnahmen. Stricke dabei die Abnahmemaschen rechts.
3. Runde: Stricke * 3 Maschen, 2 Maschen rechts zusammen. Wiederhole ab * fortlaufend bis zum Rundenende. Am Rundenende bleiben 4 Maschen übrig, die im Muster gestrickt werden (= 32 Maschen).
4. Runde: Stricke ohne Abnahmen. Stricke dabei die Abnahmemaschen rechts.
5. Runde: Stricke * 2 Maschen, 2 Maschen rechts zusammen. Wiederhole dann ab * fortlaufend bis zum Rundenende (= 24 Maschen).
6. Runde: Stricke * 1 Masche, 2 Maschen rechts zusammen. Wiederhole dann ab * fortlaufend bis zum Rundenende (= 16 Maschen).
7. Runde: Stricke jeweils 2 Maschen rechts zusammen bis zum Rundenende (= 8 Maschen).

FERTIGSTELLEN

Schneide den Faden ab und ziehe ihn durch die restlichen Maschen. Vernähe die Fäden.

Oma Elis STRICK SOS

KNOTEN IN DER WOLLE

Manchmal kommt es vor, dass in einem Wollknäuel ein Knoten ist. Am besten schneidest du den Knoten heraus. Achte dabei unbedingt darauf, dass der Faden lang genug abgeschnitten wird, damit du ihn später vernähen kannst.

> TIPP » FADENWECHSEL » Wenn du mit dem neuen Faden weiterstrickst, nimm am besten bei der 1. Masche auch den alten Faden mit dazu und stricke diese Masche mit beiden Fäden. Leichter und optisch schöner ist es, den Fadenwechsel bei einer rechten Masche zu machen.

ZURÜCKSTRICKEN

Du hast eine falsche Masche gestrickt und das fällt dir erst ein paar Maschen später auf? Kein Problem! Stricke einfach wie folgt zurück:

1| Stich mit der linken Nadel von vorne, unterhalb der gestrickten Masche auf der rechten Nadel ein.

2| Lass die Masche von der rechten Nadel gleiten. Nun liegt die ursprüngliche Masche wieder auf der linken Nadel. Denke daran, den Faden nach dem Zurückstricken einer Masche wieder hinter die Nadel zu legen.

> TIPP » ARBEITSFADEN ANZIEHEN » Ziehe den Arbeitsfaden leicht an. So erkennst du leichter, wo du unter der Masche einstechen musst.

ZURÜCKSTRICKEN | FALSCHE MASCHE

ZURÜCKSTRICKEN | SCHRITT 1

ZURÜCKSTRICKEN | SCHRITT 2

MASCHE RAUFHOLEN

Dir ist eine Masche heruntergefallen? Mach dir nichts draus, das passiert jedem einmal. So liegt die Masche ruckzuck wieder auf die Nadel:

1| Sind dir eine oder mehrere rechte Maschen heruntergefallen, sichere zuerst die nächste noch „komplette" Masche und hebe sie auf die linke Nadel.

2| Stich unter den nächstgelegenen Querfaden ein und hebe ihn ebenfalls auf die linke Nadel vor die gesicherte Masche.

3| Hebe mit der rechten Nadel die gesicherte Masche über den Querfaden. Nun liegt die ursprüngliche Masche wieder auf der linken Nadel.

Sind dir eine oder mehrere linke Maschen heruntergefallen, drehe das Strickstück auf „links" um. Nun hast du rechte Maschen vor dir und kannst genauso verfahren wie unter Schritt 1 bis 3 beschrieben.

AUFTRENNEN

Leider hast du erst spät bemerkt, dass du eine falsche Masche gestrickt hast? Nun liegt der Fehler ziemlich weit unten? Dann ist Zurückstricken zu aufwendig, und du kannst die Arbeit nur noch auftrennen: Ziehe die Nadel heraus und ziehe vorsichtig am Arbeitsfaden, sodass sich die Maschen auflösen.

1| Lege nach dem Auftrennen die Maschen wieder richtig auf die Nadel. Das ist wichtig, damit die Maschen nicht verdreht werden. Sonst hast du später verschränkte Maschen im Strickbild.

2| Strickst du in der Runde, achte nach dem Auftrennen außerdem darauf, dass du den Rundenanfang beibehältst.

MASCHE RAUFHOLEN

MASCHE RAUFHOLEN | SCHRITT 1

MASCHE RAUFHOLEN | SCHRITT 2

MASCHE RAUFHOLEN | SCHRITT 3

AUFTRENNEN

AUFTRENNEN | SCHRITT 1

KOLLEKTION 2

NADELKÜNSTLER

Das lernst du von Opa Klaus:

- ✓ Wie du ein Zopfmuster strickst
- ✓ Wie du eine Strickschrift liest
- ✓ Wie du einen Maschenstich nähst
- ✓ Wie du einen Matratzenstich nähst

Opa Klaus

„Das Zopfmuster stricke ich besonders gerne, weil es mit etwas Übung leicht gelingt und doch profimäßig aussieht."

Das ist unser Opa Klaus: singendes Stricktalent, charmant, Hahn im (Woll-)Korb, eloquenter Medienstar, kocht gerne Riesengarnelen.

Doppelter Loop

Schwierigkeitsgrad 1

Größe
150 cm Umfang, 11,5 cm breit

Material
- Schachenmayr original Merino Extrafine 40 (LL 40 m/50 g) in Burgund (Fb 333), 280 g
- Stricknadeln 8,0 mm
- Zopfnadel oder Hilfsnadel 8,0 mm

Maschenprobe
Mit Nadeln 8,0 mm im Zopfmuster
14 Maschen und 17 Reihen = 10 cm x 10 cm

Das solltest du können:

Maschen anschlagen (So geht's S. 88)
Maschenprobe anfertigen (So geht's S. 91)
Knötchenrand (So geht's S. 92)
Rechte Maschen stricken (So geht's S. 90)
Linke Maschen stricken (So geht's S. 90)
Abketten (So geht's S. 93)
Sauber vernähen (So geht's S. 93)

Das lernst du von der Oma:

Wie du ein Zopfmuster strickst
Wie du eine Strickschrift liest
Wie du einen Maschenstich nähst

ZOPFMUSTER

ZOPFMUSTER | SCHRITT 1

ZOPFMUSTER | SCHRITT 2

ZOPFMUSTER | SCHRITT 2

ZOPFMUSTER

1| Du strickst bei diesem Loop einen Zopf aus 6 Maschen. Um die Maschen zu verkreuzen, legst du die ersten 3 Maschen des Zopfes auf die Hilfsnadel hinter die Arbeit.

2| Die nächsten 3 Maschen strickst du rechts ab. Anschließend strickst du die 3 Maschen von der Zopfnadel rechts ab.

> TIPP » ZOPFMUSTER » Bei der Zopfkreuzung ist es wichtig, den Faden immer gut anzuziehen. Sonst bekommst du große, lockere Maschen, die dein Muster unregelmäßig erscheinen lassen.

STRICKSCHRIFT ZOPFMUSTER

Jede Strickschrift liest du von unten nach oben. Die Reihen sind nummeriert, also entspricht die 1. Reihe der Strickschrift auch der 1. gestrickten Reihe. Jede Kästchenreihe steht dabei für 1 Strickreihe und jedes Kästchen für 1 Masche. Alle Hinreihen (= ungerade Reihenzahl) liest du von rechts nach links, alle Rückreihen (= gerade Reihenzahl) von links nach rechts. Die Symbole entsprechen dem Maschenbild auf der Vorderseite. Deshalb wird in einer Rückreihe zum Beispiel eine linke Masche gestrickt, wenn sie von vorne aussehen soll wie eine rechte Masche. Die Strickschrift wiederholst du fortlaufend über die in der Anleitung angegebene Reihenanzahl hinweg.

■ = rechte Maschen in den Hinreihen, linke Maschen in den Rückreihen
– = linke Maschen in den Hinreihen, rechte Maschen in den Rückreihen
● = Randmaschen
■■■/■■■ = Lege 3 Maschen auf einer Hilfsnadel hinter die Arbeit, stricke die nächsten 3 Maschen rechts ab, stricke dann die Maschen der Hilfsnadel rechts

1 Rapport: Breite = 24 Maschen, Höhe = 10 Reihen

●	–	■	–	■	■	–	–	–	■	■	■	■	■	■	–	–	–	■	■	–	■	–	●	10
●	–	■	–	■	■	–	–	–	■	■	■ /	■	■	■	–	–	–	■	■	–	■	–	●	9
●	–	■	–	■	■	–	–	–	■	■	■	■	■	■	–	–	–	■	■	–	■	–	●	8
●	–	■	–	■	■	–	–	–	■	■	■	■	■	■	–	–	–	■	■	–	■	–	●	7
●	–	■	–	■	■	–	–	–	■	■	■	■	■	■	–	–	–	■	■	–	■	–	●	6
●	–	■	–	■	■	–	–	–	■	■	■	■	■	■	–	–	–	■	■	–	■	–	●	5
●	–	■	–	■	■	–	–	–	■	■	■	■	■	■	–	–	–	■	■	–	■	–	●	4
●	–	■	–	■	■	–	–	–	■	■	■	■	■	■	–	–	–	■	■	–	■	–	●	3
●	–	■	–	■	■	–	–	–	■	■	■	■	■	■	–	–	–	■	■	–	■	–	●	2
●	–	■	–	■	■	–	–	–	■	■	■	■	■	■	–	–	–	■	■	–	■	–	●	1

ANLEITUNG

Schlage 24 Maschen in Burgund an. Stricke 250 Reihen im Zopfmuster mit Knötchenrand, beginne dabei in der 5. Reihe der Strickschrift. Der Loop endet mit einer 4. Reihe des Rapports. Kette die Maschen ab und nähe die Anschlags- und Abkettkante im Maschenstich zusammen. Schneide den Faden ab und vernähe die Fäden.

MASCHENSTICH

1| Lege die Strickstücke mit der Vorderseite nach oben mit der Anschlags- an die Abkettkante. Jetzt arbeitest du von rechts nach links und folgst den Strickreihen. Nimm in der unteren Reihe die 2. Hälfte der 1. Masche und die 1. Hälfte der folgenden Masche auf.

2| Ziehe den Nähfaden durch und beginne bei der oberen Reihe. Hier umfasst du mit dem Nähfaden eine komplette Masche. Geh abwechselnd so vor. Dann sieht die Naht aus wie rechte Maschen und fällt kaum auf. Nach ca. 2 cm ziehe den Nähfaden an.

VARIANTE KINDER

Größe
118 cm Umfang, 8,5 cm breit

Material
- Schachenmayr original Merino Extrafine 40 (LL 40 m/50 g) in Wiesengrün (Fb 370), 150 g
- Stricknadeln 8,0 mm
- Zopfnadel oder Hilfsnadel 8,0 mm

Maschenprobe
Mit Nadeln 8,0 mm im Zopfmuster
16 Maschen und 19 Reihen = 10 cm x 10 cm

ZOPFMUSTER

Du strickst bei diesem Loop einen Zopf aus 4 Maschen. Um die Maschen zu verkreuzen, legst du die ersten 2 Maschen des Zopfes auf die Hilfsnadel hinter die Arbeit. Die nächsten 2 Maschen strickst du rechts ab. Anschließend strickst du die 2 Maschen von der Zopfnadel rechts ab.

STRICKSCHRIFT ZOPFMUSTER

1 Rapport: Breite = 16 Maschen, Höhe = 8 Reihen

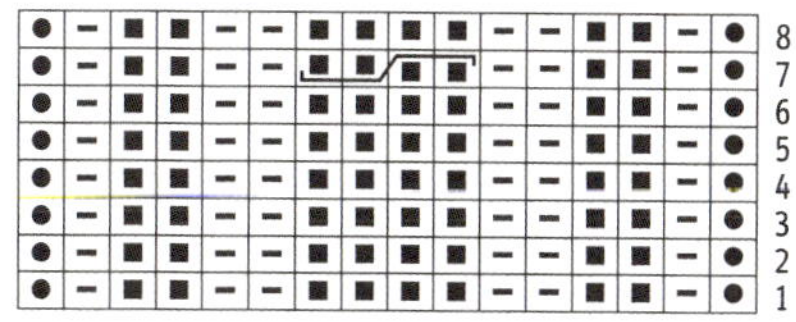

■ = rechte Maschen in den Hinreihen, linke Maschen in den Rückreihen
– = linke Maschen in den Hinreihen, rechte Maschen in den Rückreihen
● = Randmaschen
■■/■■ = Lege 2 Maschen auf einer Hilfsnadel hinter die Arbeit, stricke die nächsten 2 Maschen rechts ab, stricke dann die Maschen der Hilfsnadel rechts.

ANLEITUNG

Schlage 16 Maschen in Wiesengrün an. Stricke 200 Reihen im Zopfmuster mit Knötchenrand, beginne dabei in der 3. Reihe der Strickschrift. Der Loop endet mit einer 2. Reihe des Rapports. Kette die Maschen ab und nähe die Anschlags- und Abschlagkante im Maschenstich zusammen. Schneide den Faden ab und vernähe die Fäden.

Arm-stulpen

Schwierigkeitsgrad 2

Größe
16 cm Umfang, 25 cm lang

Material
- Schachenmayr original Merino Extrafine 40 (LL 40 m/50 g) in Natur (Fb 302), 120 g
- Nadelspiel 7,0 mm
- Zopfnadel oder Hilfsnadel 7,0 mm

Maschenprobe
Mit Nadeln 7,0 mm im Zopfmuster
15 Maschen und 18 Reihen = 10 cm x 10 cm

Das solltest du können:

Mit dem Nadelspiel stricken
(So geht's S. 89)
Maschen anschlagen (So geht's S. 88)
Maschenprobe anfertigen
(So geht's S. 91)
Rechte Maschen stricken
(So geht's S. 90)
Linke Maschen stricken
(So geht's S. 90)
Maschen zusammenstricken
(So geht's S. 92)
Abketten (So geht's S. 93)
Sauber vernähen (So geht's S. 93)

Das lernst du von der Oma:

Wie du ein Zopfmuster strickst
Wie du eine Strickschrift liest

ZOPFMUSTER

1| Du strickst bei diesen Armstulpen einen Zopf aus 6 Maschen. Um die Maschen zu verkreuzen, legst du die ersten 3 Maschen des Zopfes auf die Zopfnadel hinter die Arbeit.

2| Die nächsten 3 Maschen strickst du rechts ab. Anschließend strickst du die 3 Maschen von der Zopfnadel rechts ab.

TIPP » ZOPFMUSTER » Bei der Zopfkreuzung ist es wichtig, den Faden immer gut anzuziehen. Sonst bekommst du große, lockere Maschen, die dein Muster unregelmäßig erscheinen lassen.

STRICKSCHRIFT ZOPFMUSTER

Jede Strickschrift liest du von unten nach oben. Die Runden sind nummeriert, also entspricht die 1. Runde der Strickschrift auch der 1. gestrickten Runde. Jede Kästchenreihe steht dabei für 1 Strickrunde und jedes Kästchen für 1 Masche. Die Strickschrift wiederholst du fortlaufend über die in der Anleitung angegebene Rundenanzahl hinweg.

1 Rapport: Breite = 27 Maschen, Höhe = 8 Runden

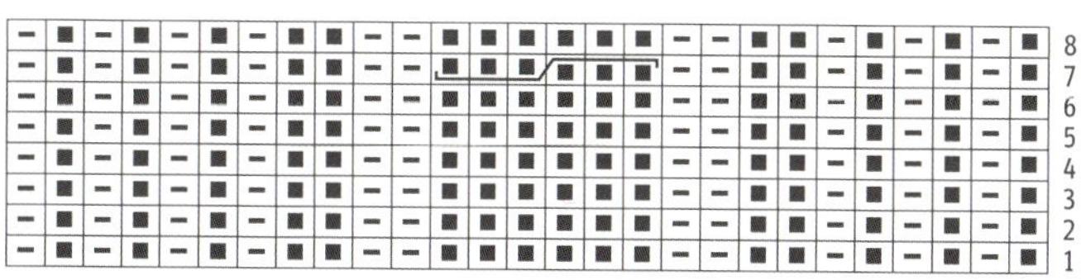

■ = rechte Maschen

– = linke Maschen

= Lege 3 Maschen auf einer Hilfsnadel hinter die Arbeit, stricke die nächsten 3 Maschen rechts ab, stricke dann die Maschen der Hilfsnadel rechts.

RIPPENMUSTER

1. Runde: Stricke 1 Masche links, 1 Masche rechts im Wechsel.
2. Runde: Stricke 1 Masche links, 1 Masche rechts im Wechsel.

Wiederhole die 1. und die 2. Runde fortlaufend.

ANLEITUNG

Schlage 27 Maschen an, verteile die Maschen auf 4 Nadeln und schließe zur Runde. Verteile die Maschen in der nächsten Runde so, dass die 6 Maschen für den Zopf (6 rechte Maschen in Folge) sich auf derselben Nadel befinden. Stricke 31 Runden im Zopfmuster gemäß der Strickschrift.

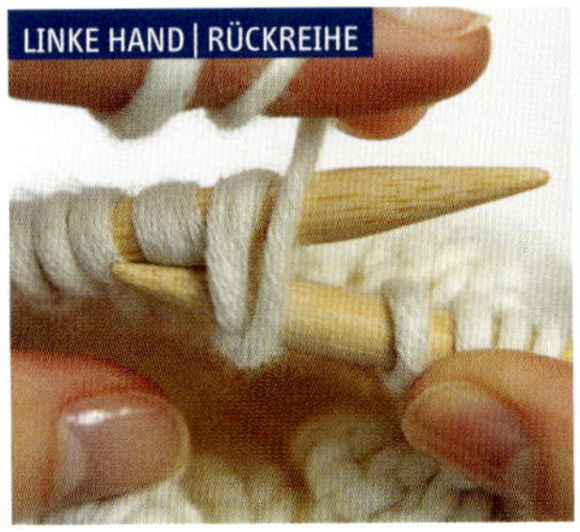

Beginne in der 31. Runde (= 4. Zopfkreuzung) mit dem Daumenloch:

LINKE HAND

Stricke die 4. und 5. Masche rechts zusammen (= 26 Maschen). In der nächsten Runde bis zu den zusammengestrickten Maschen stricken. Dann die Arbeit umdrehen. Ab jetzt wird nicht mehr in Runden, sondern in Hin- und Rückreihen gestrickt. Du beginnst mit einer Rückreihe und strickst dabei alle Maschen, wie sie auf der Innenseite der Stulpe erscheinen. Dann drehst du die Arbeit wieder und strickst in der Hinreihe alle Maschen, wie sie auf der Außenseite erscheinen. Nach 5 Reihen schließt du wieder zur Runde. Stricke zuletzt noch 4 Runden im Rippenmuster und kette dann alle Maschen locker ab. Schneide den Faden ab und vernähe die Fäden.

RECHTE HAND

Stricke die 22. und 23. Masche rechts zusammen (= 26 Maschen). Stricke dann genauso weiter wie bei der linken Hand.

VARIANTE KINDER

Größe
Umfang 14 cm, 17 cm lang

Material
- Schachenmayr original Merino Extrafine 40 (LL 40 m/50 g) in Schwarz (Fb 399), 65 g, und in Wiesengrün (Fb 370), 15 g
- Nadelspiel 7,0 mm
- Zopfnadel oder Hilfsnadel 7,0 mm

STRICKSCHRIFT ZOPFMUSTER

1 Rapport: Breite = 23 Maschen, Höhe = 8 Runden

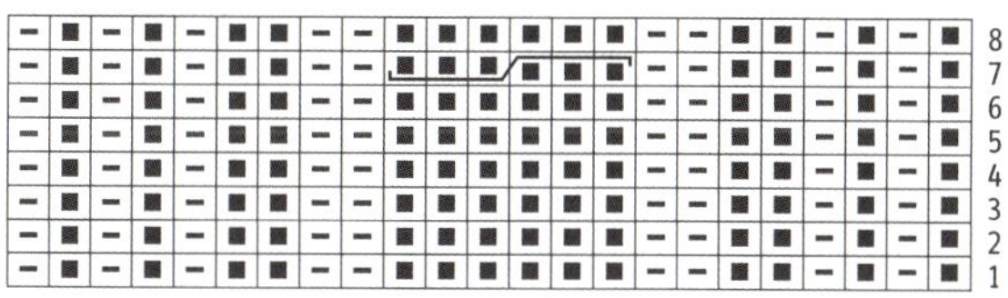

■ = rechte Maschen
– = linke Maschen
■■■/■■■ = Lege 3 Maschen auf einer Hilfsnadel hinter die Arbeit, stricke die nächsten 3 Maschen rechts ab, stricke dann die Maschen der Hilfsnadel rechts

ANLEITUNG

Schlage 23 Maschen in Schwarz an, verteile die Maschen auf 4 Nadeln und schließe zur Runde. Verteile die Maschen in der nächsten Runde so, dass die 6 Maschen (6 rechte Maschen in Folge) für den Zopf sich auf derselben Nadel befinden. Stricke 22 Runden im Zopfmuster und beginne dabei mit der 3. Runde der Strickschrift. So entstehen insgesamt 3 Zopfkreuzungen. Danach strickst du noch einmal die 1. und die 2. Runde der Strickschrift. In der nächsten Runde (25. Runde) strickst du alle Maschen rechts. Wechsele jetzt zu Wiesengrün und stricke 1 Runde rechte Maschen. Zuletzt strickst du noch 3 Runden im Rippenmuster und kettest die Maschen locker ab. Schneide den Faden ab und vernähe die Fäden.

Schal mit Taschen

Schwierigkeitsgrad 2

Größe
225 cm lang, 15 cm breit

Material
- Schachenmayr original Merino Extrafine 40 (LL 40 m/50 g) in Burgund (Fb 333), 600 g, und in Natur (Fb 302), 35 g
- Stricknadeln 7,0 mm und 8,0 mm
- Zopfnadel oder Hilfsnadel 7,0 mm und 8,0 mm

Maschenprobe
Mit Stricknadeln 8,0 mm im Zopfmuster
14 Maschen und 17 Reihen = 10 cm x 10 cm

Das solltest du können:

Maschen anschlagen (So geht's S. 88)
Maschenprobe anfertigen (So geht's S. 91)
Knötchenrand (So geht's S. 92)
Rechte Maschen stricken (So geht's S. 90)
Linke Maschen stricken (So geht's S. 90)
Maschen zusammenstricken (So geht's S. 92)
Abketten (So geht's S. 93)
Sauber vernähen (So geht's S. 93)
Schleifchen (Anleitung S. 6-9)

Das lernst du von der Oma:

Wie du ein Zopfmuster strickst
Wie du eine Strickschrift liest
Wie du einen Matratzenstich nähst

RIPPENMUSTER

1. Reihe: Stricke 1 Masche rechts, 1 Masche links im Wechsel.
2. Reihe: Stricke 1 Masche rechts, 1 Masche links im Wechsel.
Wiederhole die 1. und 2. Reihe fortlaufend.

ZOPFMUSTER

1| Du strickst bei diesem Schal einen Zopf aus 6 Maschen. Um die Maschen zu verkreuzen, legst du die ersten 3 Maschen des Zopfes auf die Hilfsnadel hinter die Arbeit.

2| Die nächsten 3 Maschen strickst du rechts ab. Anschließend strickst du die 3 Maschen von der Zopfnadel rechts ab.

TIPP » ZOPFMUSTER » Bei der Zopfkreuzung ist es wichtig, den Faden immer gut anzuziehen. Sonst bekommst du große, lockere Maschen, die dein Muster unregelmäßig erscheinen lassen.

STRICKSCHRIFT ZOPFMUSTER

Jede Strickschrift liest du von unten nach oben. Die Reihen sind nummeriert, also entspricht die 1. Reihe der Strickschrift auch der 1. gestrickten Reihe. Jede Kästchenreihe steht dabei für 1 Strickreihe und jedes Kästchen für 1 Masche. Alle Hinreihen (= ungerade Reihenzahl) liest du von rechts nach links, alle Rückreihen (= gerade Reihenzahl) von links nach rechts. Die Symbole entsprechen dem Maschenbild auf der Vorderseite. Deshalb wird in einer Rückreihe zum Beispiel eine linke Masche gestrickt, wenn sie von vorne aussehen soll wie eine rechte Masche. Die Strickschrift wiederholst du fortlaufend über die in der Anleitung angegebene Reihenanzahl hinweg.

ANLEITUNG

Für die Taschen an beiden Enden des Schals wird der Schal so gestrickt, dass sich die Enden am Schluss als Taschen hochklappen und annähen lassen. Dafür beginnst du zunächst mit dem naturfarbenen Bund der Tasche und strickst die 1. Tasche.
Dann arbeitest du den Mittelteil des Schals und schließlich die 2. Tasche samt naturfarbenem Bund.

1 Rapport: Breite = 34 Maschen, Höhe = 10 Reihen

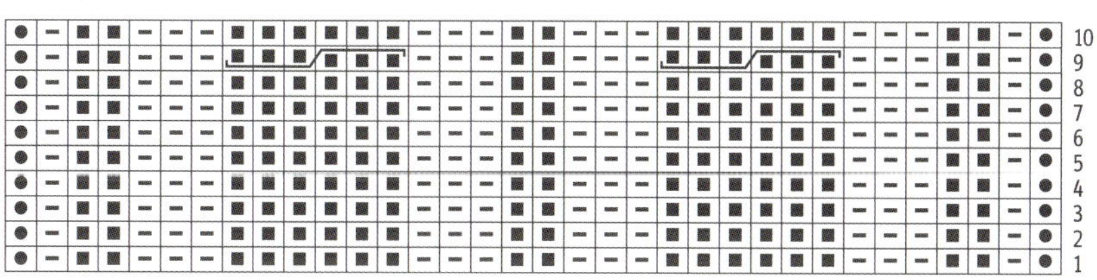

■ = rechte Maschen in den Hinreihen, linke Maschen in den Rückreihen

– = linke Maschen in den Hinreihen, rechte Maschen in den Rückreihen

■■■/■■■ = Lege 3 Maschen auf einer Hilfsnadel hinter die Arbeit, stricke die nächsten 3 Maschen rechts ab, stricke dann die Maschen der Hilfsnadel rechts

FERTIGSTELLEN | TASCHE ZUSAMMENNÄHEN

FERTIGSTELLEN | SCHLEIFE ANNÄHEN

MATRATZENSTICH | SCHRITT 1

1. ABSCHNITT: TASCHE 1

Schlage mit den Nadeln 7,0 mm 28 Maschen in Natur an. Stricke 5 Reihen mit Knötchenrand im Rippenmuster. Stricke 1 Reihe rechte Maschen. Wechsele in der 7. Reihe zu den Nadeln 8,0 mm und stricke in Burgund 1 Reihe linke Maschen. Damit das Zopfmuster aufgeht, nimmst du in der 8. Reihe 6 Maschen wie folgt zu:
1 Randmasche, 1 Masche links, 2 Maschen rechts, 1 Masche links, 1 Masche rechts, 1 Masche zunehmen, 3 Maschen rechts, 1 Masche zunehmen, 2 Maschen rechts, 1 Masche links, 1 Masche rechts, 1 Masche zunehmen, 2 Maschen rechts, 1 Masche links, 1 Masche rechts, 1 Masche zunehmen, 3 Maschen rechts, 1 Masche zunehmen, 2 Maschen rechts, 1 Masche links, 1 Masche rechts, 1 Masche zunehmen, 2 Maschen rechts, 1 Masche links, 1 Randmasche (= 34 Maschen).
Stricke 22 Reihen im Zopfmuster und beginne dabei mit der 3. Reihe des Rapports. Stricke danach für den Taschenboden 1 Reihe linke Maschen. Da das Ende des Schals später hochgeklappt und als Tasche angenäht werden soll, musst du nun spiegelverkehrt weiterstricken.
Für die Taschenrückseite beginnst du mit der 1. Reihe des Rapports. Stricke in den nächsten 27 Reihen die Maschen, wie sie erscheinen. Dadurch befinden sich nun die Zöpfe auf der Rückseite des Schals.

2. ABSCHNITT: MITTELTEIL

Stricke 320 Reihen im Zopfmuster. Dabei entstehen 32 Zopfkreuzungen.

3. ABSCHNITT: TASCHE 2

Stricke 28 Reihen im Muster weiter, allerdings ohne die Zopfkreuzungen. Stricke danach für den Taschenboden 1 Reihe rechte Maschen. Stricke nun 22 Reihen im Zopfmuster und beginne dabei in der 3. Reihe des Rapports.
Nimm in der nächsten Reihe 6 Maschen wie folgt ab, indem du sie rechts oder links zusammenstrickst:
1 Randmasche, 1 Masche links, 2 Maschen rechts, 1 Masche links, 2 Maschen links zusammenstricken, 2 Maschen rechts, 2 Maschen rechts zusammenstricken, 2 Maschen rechts, 1 Masche links, 2 Maschen links zusammenstricken, 2 Maschen rechts, 1 Masche links, 2 Maschen links zusammenstricken, 2 Maschen rechts, 2 Maschen rechts zusammenstricken, 2 Maschen rechts, 1 Masche links, 2 Maschen links zusammenstricken, 2 Maschen rechts, 1 Masche links, 1 Randmasche (= 28 Maschen)

MASCHEN LINKS ZUSAMMENSTRICKEN

Stich durch die beiden Maschen, die du zusammenstricken möchtest, und stricke sie gemeinsam wie eine linke Masche ab.

FERTIGSTELLEN

Stricke dann 1 Reihe linke Maschen. Wechsele jetzt wieder zu den Nadeln 7,0 mm und stricke 1 Reihe rechte Maschen in Natur. Stricke 5 Reihen im Rippenmuster und kette mustergemäß ab. Klappe die Taschen hoch und nähe sie links und rechts mit Matratzenstich zu.

MATRATZENSTICH

1| Um zwei Strickstücke miteinander zu verbinden, nähst du sie jeweils mit den Abkett- bzw. Anschlagsmaschen an die Randmaschen des jeweils anderen Strickstücks. Lege dafür die beiden Strickstücke mit der Vorderseite nach oben nebeneinander. Erfasse mit der Stopfnadel den Querfaden zwischen der Randmasche und der 1. Masche und ziehe den Faden durch.

2| Erfasse die 1. Masche des anderen Strickstücks und ziehe den Faden durch. Wiederhole den Vorgang, bis du die ganze Seite aneinandergenäht hast. Ziehe den Faden stets nach ca. 2 cm an, damit man später nichts mehr von der Naht sieht.

Arbeite 2 Schleifchen in Natur. Schlage dafür 4 Maschen an und stricke 8 Reihen glatt rechts. Gehe ansonsten wie in der Anleitung auf S. 6 bis 9 beschrieben vor. Nähe die beiden Schleifchen an. Vernähe zuletzt alle Fäden sauber.

FARBVARIANTE

Stricke das Rippenmuster in Wiesengrün (Fb 370) und das Zopfmuster in Schwarz (Fb 399). Statt der Schleifchen nähst du 2 schwarze Knöpfe auf.

Beanie

Schwierigkeitsgrad 3

Größe
S/M und L
Die Angaben für die kleinere Größe stehen links vor, die für die größere nach dem Schrägstrich. Steht nur eine Angabe, gilt diese für beide Größen.

Material
- Schachenmayr original Merino Extrafine 40 (LL 40 m/50 g) in Burgund (Fb 333), 140 g, und in Natur (Fb 302), 20 g
- Nadelspiel 7,0 mm und 8,0 mm
- Zopfnadel oder Hilfsnadel in 7,0 mm und 8,0 mm

Maschenprobe
Mit Nadeln 8,0 mm im Zopfmuster
14 Maschen und 17 Reihen = 10 cm x 10 cm

Das solltest du können:

Mit Nadelspiel stricken (So geht's S. 89)
Maschen anschlagen (So geht's S. 88)
Maschenprobe anfertigen (So geht's S. 91)
Rechte Maschen stricken (So geht's S. 90)
Linke Maschen stricken (So geht's S. 90)
Maschen zunehmen (So geht's S. 92)
Maschen zusammenstricken (So geht's S. 92)
Abketten (So geht's S. 93)
Sauber vernähen (So geht's S. 93)
Bommel anfertigen (So geht's S. 95)

Das lernst du von der Oma:

Wie du ein Zopfmuster strickst
Wie du eine Strickschrift liest

ZOPFMUSTER

1| Du strickst bei dieser Mütze einen Zopf aus 6 Maschen. Um die Maschen zu verkreuzen, legst du die ersten 3 Maschen des Zopfes auf die Hilfsnadel hinter die Arbeit.

2| Die nächsten 3 Maschen strickst du rechts ab. Anschließend strickst du die 3 Maschen von der Zopfnadel rechts ab.

TIPP » ZOPFMUSTER » Bei der Zopfkreuzung ist es wichtig, den Faden immer gut anzuziehen. Sonst bekommst du große, lockere Maschen, die dein Muster unregelmäßig erscheinen lassen.

STRICKSCHRIFT ZOPFMUSTER

Jede Strickschrift liest du von unten nach oben. Die Runden sind nummeriert, also entspricht die 1. Runde der Strickschrift auch der 1. gestrickten Runde. Jede Kästchenreihe steht dabei für 1 Strickrunde und jedes Kästchen für 1 Masche. Die Strickschrift wiederholst du fortlaufend über die in der Anleitung angegebene Rundenanzahl hinweg.

1 Rapport: Breite = 12 Maschen, Höhe = 10 Runden

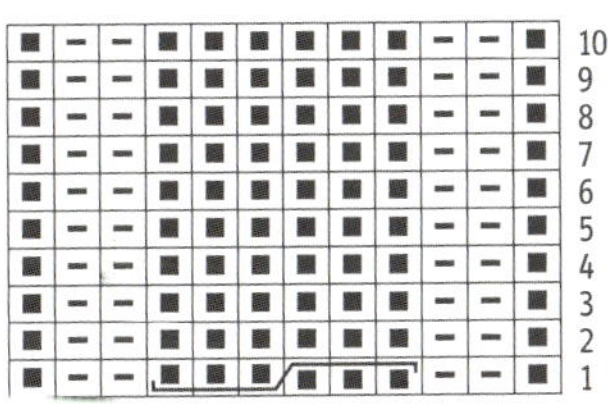

= rechte Maschen

= linke Maschen

= Lege 3 Maschen auf einer Hilfsnadel hinter die Arbeit, stricke die nächsten 3 Maschen rechts ab, stricke dann die Maschen der Hilfsnadel rechts

TIPP » DEN RUNDENANFANG MARKIEREN » Wenn du zwischen die Rapports jeweils einen Maschenmarkierer setzt, fällt die Orientierung, wo du dich im Muster befindest, viel leichter. Die Maschenmarkierer können auch einfach aus Wollresten gebastelt werden, die man zu einem Ring verknotet.

ANLEITUNG

Schlage mit den Nadeln 7,0 mm 55/60 Maschen in Burgund an. Verteile die Maschen gleichmäßig auf 4 Nadeln und schließe zur Runde. Stricke die nächsten 4 Runden wie folgt: * 1 Masche rechts, 2 Maschen links, 5/6 Maschen rechts, 2 Maschen links, 1 Masche rechts, wiederhole ab * bis zum Rundenende. Wechsele zu den Nadeln 8,0 mm.

Nur für Größe S/M: Stricke nun 1 Runde mit Zunahmen: * 1 Masche rechts, 2 Maschen links, 2 Maschen rechts, 1 Masche rechts, 1 Masche zunehmen, 2 Maschen rechts, 2 Maschen links, 1 Masche rechts, wiederhole ab * bis zum Rundenende (= 60 Maschen).

Für alle Größen: Stricke in der nächsten Runde wieder 1/2 Runden die Maschen, wie sie erscheinen. Verteile dabei die Maschen so auf die Nadeln, dass du die 6 Maschen für die Zöpfe (6 rechte Maschen in Folge) jeweils auf derselben Nadel hast. Stricke gemäß der Strickschrift 50 Runden im Zopfmuster (= 5 Rapports in Höhe von 10 Runden). Stricke dann nochmals die ersten 4 Runden des Rapports.

Arbeite die Abnahmen für alle Größen wie folgt. Stricke dabei die Maschen, wie sie erscheinen, und ohne Zopfkreuzung:

1. Runde: Stricke jede 5. und 6. Masche rechts zusammen (= 50 Maschen).

2. Runde: Stricke jede 4. und 5. Masche rechts zusammen (= 40 Maschen).
3. Runde: Stricke jede 3. und 4. Masche rechts zusammen (= 30 Maschen).
4. Runde: Stricke jede 2. und 3. Masche rechts zusammen (= 20 Maschen).
5. Runde: Stricke jeweils 2 Maschen rechts zusammen (= 10 Maschen).
6. Runde: Stricke jeweils 2 Maschen rechts zusammen (= 5 Maschen).

FERTIGSTELLEN

Schneide den Faden ab, fädele ihn durch die restlichen Maschen und vernähe ihn innen. Fertige einen Bommel mittlerer Größe in Natur und nähe ihn an.

FARBVARIANTE

Stricke die Mütze in Schwarz (Fb 399) und den Bommel in Wiesengrün (Fb 370).

VARIANTE BABY

Größe
26 cm Umfang, 14 cm hoch

Material
- Schachenmayr original Merino Extrafine 40 (LL 40 m/50 g) in Burgund (Fb 333), 70 g, und in Azalee (Fb 339) und Natur (Fb 302), Reste für die Bommel
- Nadelspiel 7,0 mm
- Zopfnadel oder Hilfsnadel 7,0 mm

Maschenprobe
Mit Nadeln 7,0 mm im Zopfmuster
16 Maschen und 20 Reihen = 10 cm x 10 cm

RIPPENMUSTER

Stricke 1 Masche rechts, 1 Masche links im Wechsel.

ZOPFMUSTER

1| Du strickst bei dieser Mütze einen Zopf aus 4 Maschen. Um die Maschen zu verkreuzen, legst du die ersten 2 Maschen des Zopfes auf die Hilfsnadel hinter die Arbeit.

2| Die nächsten 2 Maschen strickst du rechts ab. Anschließend strickst du die 2 Maschen von der Zopfnadel rechts ab.

STRICKSCHRIFT ZOPFMUSTER

1 Rapport: Breite = 10 Maschen, Höhe = 6 Runden

–	–	■	■	■	■	–	–	■	■	6
–	–	■ ■/■ ■				–	–	■	■	5
–	–	■	■	■	■	–	–	■	■	4
–	–	■	■	■	■	–	–	■	■	3
–	–	■	■	■	■	–	–	■	■	2
–	–	■	■	■	■	–	–	■	■	1

■ = rechte Maschen
– = linke Maschen
■ ■/■ ■ = Lege 2 Maschen auf einer Hilfsnadel hinter die Arbeit, stricke die nächsten 2 Maschen rechts ab, stricke dann die Maschen der Hilfsnadel rechts

ANLEITUNG

Schlage 50 Maschen in Burgund an, verteile die Maschen gleichmäßig auf 4 Nadeln und schließe zur Runde. Achte beim Verteilen darauf, dass die 4 Maschen für den Zopf (4 rechte Maschen in Folge) jeweils auf derselben Nadel liegen. Stricke 5 Runden im Rippenmuster und danach 18 Runden im Zopfmuster.

Arbeite dann die Abnahmen wie folgt. Stricke dabei die Maschen, wie sie erscheinen, und ohne Zopfkreuzung:

1. Runde: Stricke jeweils die 2 linken Maschen links zusammen (= 40 Maschen).

2. Runde: Stricke jeweils die 2 rechten Maschen rechts zusammen (= 35 Maschen).

3. Runde: * Stricke 2 Maschen, wie sie erscheinen, 2 Maschen rechts zusammen. Wiederhole ab * fortlaufend bis zum Rundenende. Stricke die letzte Masche, wie sie erscheint (= 27 Maschen).

4. Runde: Stricke jeweils 2 Maschen rechts zusammen (= 14 Maschen).

Schneide den Faden ab, fädele ihn durch die restlichen Maschen und ihn. Nun fertigst du je einen kleinen Bommel aus Azalee und Natur und nähst sie an der Seite an.

VARIANTE KINDER

Größe
45 cm Umfang, 30 cm hoch

Material
- Schachenmayr original Merino Extrafine 40 (LL 40 m/50 g) in Wiesengrün (Fb 370), 130 g, und in Schwarz (Fb 399), 20 g
- Nadelspiel 8,0 mm
- Zopfnadel oder Hilfsnadel 8,0 mm

Maschenprobe
Mit Nadeln 8,0 mm im Zopfmuster
16 Maschen und 19 Reihen = 10 cm x 10 cm

ZOPFMUSTER

1| Du strickst bei dieser Mütze einen Zopf aus 4 Maschen. Um die Maschen zu verkreuzen, legst du die ersten 2 Maschen des Zopfes auf die Hilfsnadel hinter die Arbeit.

2| Die nächsten 2 Maschen strickst du rechts ab. Anschließend strickst du die 2 Maschen von der Zopfnadel rechts ab.

STRICKSCHRIFT ZOPFMUSTER

1 Rapport: Breite = 10 Maschen, Höhe = 8 Runden

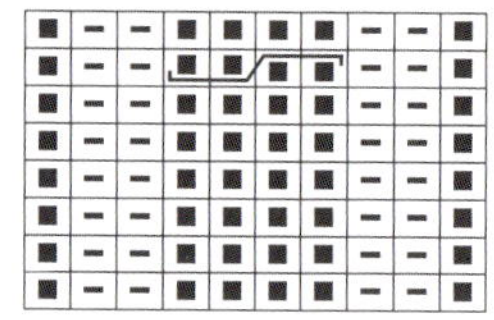

■ = rechte Maschen
– = linke Maschen
■■/■■ = Lege 2 Maschen auf einer Hilfsnadel hinter die Arbeit, stricke die nächsten 2 Maschen rechts ab, stricke dann die Maschen der Hilfsnadel rechts

ANLEITUNG

Schlage 50 Maschen in Wiesengrün an, verteile die Maschen gleichmäßig auf die Nadeln und schließe zur Runde. Achte beim Verteilen darauf, dass die 4 Maschen für den Zopf (4 rechte Maschen in Folge) jeweils auf derselben Nadel liegen. Stricke zunächst die 3. bis 8. Runde im Zopfmuster gemäß der Strickschrift. Stricke dann 40 Runden (= 5 Rapports) im Zopfmuster. Insgesamt entstehen 6 Zopfkreuzungen. Stricke danach noch einmal die 1. bis 4. Runde des Rapports.

Arbeite dann die Abnahmen wie folgt. Stricke dabei die Maschen, wie sie erscheinen, und ohne Zopfkreuzung:

1. Runde: Stricke jeweils die 2 linken Maschen links zusammen (= 40 Maschen).

2. Runde: Stricke jeweils die 2 rechten Maschen rechts zusammen (= 35 Maschen).

3. Runde: Stricke jeweils die 2 rechten Maschen in der Mitte des Zopfes rechts zusammen (= 30 Maschen).

4. Runde: Stricke jeweils die restlichen 2 Maschen des Zopfes zusammen (= 25 Maschen).

5. Runde: Stricke jeweils 2 Maschen rechts zusammen (= 11 Maschen).

Schneide den Faden ab, fädele ihn durch die restlichen Maschen und vernähe ihn innen. Arbeite zum Schluss einen kleinen Bommel in Schwarz und nähe ihn an.

MyOma
Wollrausch

MyOma – nach dem 1. Buch kennen euch nun viele: Bitte erkläre trotzdem kurz, was genau dahintersteckt.

VERENA Das ist eigentlich schnell erklärt: Für MyOma stricken mittlerweile 70 Omas und Opa Klaus – unser einziger Strickopa. Die handgestrickten Mützen, Schals und viele andere schöne Strickmodelle können auf myoma.de bestellt werden. Außerdem entwerfen die Omas mit uns zusammen verschiedene Produkte für den neuen Selberstrick-Bereich und stehen uns auch sonst immer mit Rat und Tat zur Seite. Es ist einfach toll, wie gut wir uns verstehen und wie sehr uns die Omas unterstützen. Die Begeisterung und die Leidenschaft der Omas für MyOma sind noch genauso groß wie zu Beginn.

Ihr habt also täglich mit Omas zu tun?

VERENA Auf jeden Fall. Viele Omas kommen persönlich bei uns im Büro vorbei. Mit den anderen Omas, vor allem mit denen, die weiter weg wohnen, telefonieren wir regelmäßig. Jeden Monat gibt es bei uns ein Oma-Treffen, zu dem alle Omas eingeladen sind. Bei Kaffee und selbst gebackenem Kuchen wird in unserer Büro-Wohnküche gestrickt, geplaudert und beratschlagt. Was mir besonders gut gefällt, ist, dass die Omas auch untereinander Freundschaften geschlossen haben. Es ist wirklich schon großartig, was aus MyOma in nur so kurzer Zeit geworden ist.

Viele Menschen sind von eurer Idee begeistert und immer mehr Omas möchten gerne mitstricken. Warum habt ihr mit der Idee einen so großen Erfolg?

JÖRG Das hat ganz unterschiedliche Gründe. Viele ältere Menschen fühlen sich einsam und haben keine sinnvolle Aufgabe mehr, die ihnen Spaß macht. Bei MyOma treffen sie Gleichgesinnte und sind Teil einer Gemeinschaft, in der sie sich wohl und gebraucht fühlen. Bei MyOma steht das Stricken im Vordergrund und soziale Unterschiede spielen keine Rolle. Außerdem können sich die Omas mit dem Stricken ihre oft viel zu kleinen Renten aufbessern und sich Dinge leisten, für die sonst das Geld fehlen würde.

INTERVIEW

Wer sind eure Kunden und was gefällt ihnen an MyOma?

JÖRG Bei uns bestellen Menschen, die Wert auf hohe Qualität legen und die Handarbeit unserer Omas zu schätzen wissen. Vielen gefällt auch, dass sie genau wissen, wer ihre Mütze oder ihren Schal gestrickt hat. Denn in jedem Paket liegt für den Kunden eine handsignierte Autogrammkarte von „seiner“ Oma. Da die Omas natürlich pro Strickauftrag entlohnt werden, tut jeder Kunde auch noch etwas Gutes für die ältere Generation. Oft bekommen unsere Omas dann auch persönliche Dankesbriefe oder E-Mails von den glücklichen MyOma-Trägern.

Woher kam die Idee, die „Lieblingsoma GmbH“ zu gründen?

VERENA Das war Zufall. Nachdem ich einen Fernsehbeitrag über strickende Omas gesehen hatte, hat mich die Idee fasziniert, mit älteren Menschen ein Unternehmen zu gründen. Ich bin selbst als Oma-Kind aufgewachsen und konnte mir das einfach sehr gut vorstellen.

Bei euch gibt es ja auch einen Strickopa – Opa Klaus. Haben sich seitdem noch andere strickende Männer gemeldet?

VERENA Leider bisher nicht. Wir fänden es toll, wenn sich auch andere Strickopas melden würden. Momentan ist Opa Klaus als einziger strickender Mann ein richtiger Medienstar. Dabei war es für die Omas und uns schon immer ganz normal, dass Opa Klaus dabei ist. Trotzdem sind wir stolz, dass wir den „einzigen Strickopa Deutschlands“ bei MyOma haben, wie erst kürzlich eine Zeitung titelte.

Wie seid ihr auf die Idee gekommen, ein Strickbuch für Anfänger zu schreiben?

JÖRG Wir haben einfach festgestellt, dass das Strickfieber in ganz Deutschland ausgebrochen ist und viele junge Leute Lust haben, das Stricken zu lernen. Wenn die Omas „on tour" sind und Workshops geben, sind es vor allem Jugendliche, die bei den Omas sitzen und sich das Stricken zeigen lassen.

VERENA Ist ja auch klar! Omas sind einfach Strickprofis, haben die besten Tipps und Tricks, sind geduldig und können am besten erklären. Omas und Strickenlernen – das passt einfach zusammen.

Was hat sich seit dem letzten Buch bei MyOma so getan?

VERENA Wo soll ich anfangen? Der Selberstrick-Trend hat auch vor MyOma nicht Halt gemacht. Gemeinsam mit unseren Omas entwickeln wir verschiedene Modelle zum Selberstricken für unseren neuen „Do-it-yourself"-Bereich. In diesen Paketen ist von der Anleitung über Wolle bis hin zu Stricknadeln alles drin, was man zum Stricken der Mütze oder des Schals benötigt. So kann man gleich loslegen. Für alle, die noch Hilfe brauchen, haben wir außerdem coole Strickvideos mit den Omas gedreht, damit der „Strickstart" leicht gelingt.

JÖRG Für mich war unsere eigene „MyOma-Wolle" dieses Jahr ein Highlight. Passend zum Buch wurde von Schachenmayr eine Merino-Wolle in angesagten MyOma-Farben entwickelt, die es auch in den Wollgeschäften oder natürlich bei uns zu kaufen gibt.

Da ist ja wirklich viel los bei euch.

VERENA Allerdings, langweilig wird es bei uns nie und es gibt viel zu tun. Deshalb sind dieses Jahr auch deutschlandweit viele neue Omas dazugekommen. Wir arbeiten also noch fleißig am „Oma-Rekord" und hoffen, dass sich in Zukunft noch mehr Menschen für die Handarbeit unserer Omas begeistern.

Jörg, du hast das Stricken letztes Jahr von Oma Siggi gelernt. Ist denn die erste selbst gestrickte Mütze schon fertig?

JÖRG Ich arbeite noch daran. Die rechten und linken Maschen habe ich schon voll drauf. Den Rest schaffe ich bestimmt mit unserem Strickstart-Buch.

VERENA Und falls nicht, muss halt nochmal Oma Siggi ran. Die Omas bleiben eben einfach unsere Strickprofis Nummer 1!

KOLLEKTION 3

MASCHENMEISTER

Das lernst du von Oma Barbara:

✓ Wie du tiefer gestochene Maschen strickst
✓ Wie du zweifarbige Muster strickst

Oma Barbara

„Ich liebe raffinierte Muster. Die tiefer gestochenen Maschen sind leicht zu lernen und super effektvoll."

Das ist unsere Oma Barbara: Handarbeits-Genie, boden-ständig, Lachanfälle, hilfsbereite Menschenfreundin, isst gerne Röstklöße.

My Oma

Bein-stulpen

Schwierigkeitsgrad 1

Größe
42 cm hoch, 12,5 cm breit

Material
- Schachenmayr original Merino Extrafine 40 (LL 40 m/50 g) in Flanell meliert (Fb 391), 250 g
- Nadelspiel 7,0 mm

Maschenprobe
Mit Nadeln 7,0 mm
im tiefer gestochenen Muster
10 Maschen und 26 Reihen
= 10 cm x 10 cm

Das solltest du können:

Mit dem Nadelspiel stricken
(So geht's S. 89)
Maschen anschlagen (So geht's S. 88)
Maschenprobe anfertigen
(So geht's S. 91)
Rechte Maschen stricken
(So geht's S. 90)
Abketten (So geht's S. 93)
Sauber vernähen (So geht's S. 93)

Das lernst du von der Oma:

Wie du tiefer gestochene Maschen strickst

TIEFER GESTOCHENES MUSTER

TIEFER GESTOCHENE MASCHEN | SCHRITT 1

TIEFER GESTOCHENE MASCHEN | SCHRITT 2

TIEFER GESTOCHENE MASCHEN | SCHRITT 3

Die Stulpen werden im tiefer gestochenen Muster gestrickt. Dafür brauchst du rechte Maschen und tiefer gestochene Maschen, die du wie folgt strickst:

TIEFER GESTOCHENE MASCHEN.

1 | Statt wie gewohnt in die Masche auf der Nadel einzustechen, stich direkt unterhalb der bereits gestrickten Maschen ein.

2 | Ziehe den Faden wie zum Rechtsstricken durch.

3 | Lass die Masche von der linken Nadel gleiten.

Die so entstandene Masche besteht aus einer rechten Masche und einer aufgelösten Masche, die als Querfaden darüberliegt.

TIPP » TIEFER GESTOCHENE MASCHEN » Wenn du eine tiefer gestochene Masche strickst, ziehe das Strickstück mit dem Daumen und dem Mittelfinger der linken Hand leicht auseinander. So kannst du leichter in die Masche einstechen.

TIEFER GESTOCHENES MUSTER

1. Runde: Stricke * 1 Masche rechts, 1 Masche rechts tiefer gestochen.
Wiederhole ab * fortlaufend bis zum Rundenende.
2. Runde: Stricke rechte Maschen.
3. Runde: Stricke * 1 Masche rechts tiefer gestochen, 1 Masche rechts.
Wiederhole ab * fortlaufend bis zum Rundenende.
4. Runde: Stricke rechte Maschen.
Wiederhole die 1. bis 4. Runde fortlaufend.

ANLEITUNG

Schlage 24 Maschen an, verteile die Maschen auf 4 Nadeln und schließe zur Runde. Stricke 1 Runde rechte Maschen. Stricke 107 Runden (= ca. 42 cm) im tiefer gestochenen Muster, beginne dabei mit der 3. Runde des Musters. Nach der letzten Runde (entspricht der 1. Runde des Musters) kette alle Maschen locker ab. Schneide den Faden ab und vernähe ihn.

VARIANTE KINDER

Größe
28 cm hoch, 11,5 cm breit

Material
- Schachenmayr original Merino Extrafine 40 (LL 40 m/50 g) in Smaragd (Fb 377), 150 g
- Nadelspiel 7,0 mm

ANLEITUNG

Schlage 22 Maschen an, verteile die Maschen gleichmäßig auf 4 Nadeln und schließe zur Runde. Stricke 1 Runde rechte Maschen. Stricke 71 Runden (= ca. 28 cm) im tiefer gestochenen Muster, beginne dabei mit der 3. Runde des Musters. Nach der letzten Runde (entspricht der 1. Runde des Musters) kette alle Maschen locker ab. Schneide den Faden ab und vernähe ihn.

VARIANTE BABY

Größe
12,5 cm hoch, 8,5 cm breit

Material
- Schachenmayr original Merino Extrafine 40 (LL 40 m/50 g) in Wiesengrün (Fb 370), 50 g
- Nadelspiel 7,0 mm

ANLEITUNG

Schlage 16 Maschen an, verteile die Maschen gleichmäßig auf 4 Nadeln und schließe zur Runde. Stricke 1 Runde rechte Maschen. Stricke 31 Runden (= ca. 12,5 cm) im tiefer gestochenen Muster, beginne dabei mit der 3. Runde des Musters. Nach der letzten Runde (entspricht der 1. Runde des Musters) kette alle Maschen locker ab. Schneide den Faden ab und vernähe ihn.

Loop

Schwierigkeitsgrad 1

Größe
38 cm hoch, 33 cm breit

Material
- Schachenmayr original Merino Extrafine 40 (LL 40 m/50 g) in Smaragd (Fb 377) und Kardinal (Fb 340), je 150 g
- Rundstricknadel 8,0 mm, Seil 60 cm

Maschenprobe
Mit Nadeln 8,0 mm
im tiefer gestochenen Muster
9 Maschen und 26 Reihen
= 10 cm x 10 cm

Das solltest du können:

Mit dem Nadelspiel stricken
(So geht's S. 89)
Maschen anschlagen (So geht's S. 88)
Maschenprobe anfertigen
(So geht's S. 91)
Rechte Maschen stricken
(So geht's S. 90)
Abketten (So geht's S. 93)
Sauber vernähen (So geht's S. 93)

Das lernst du von der Oma:

Wie du tiefer gestochene Maschen strickst
Wie du zweifarbige Muster strickst

TIEFER GESTOCHENE MASCHEN | SCHRITT 1

TIEFER GESTOCHENE MASCHEN | SCHRITT 3

TIEFER GESTOCHENES MUSTER

Der Loop wird im tiefer gestochenen Muster gestrickt. Dafür brauchst du rechte Maschen und tiefer gestochene Maschen:

TIEFER GESTOCHENE MASCHEN

1| Statt wie gewohnt in die Masche auf der Nadel einzustechen, stich direkt unterhalb der bereits gestrickten Maschen ein.

2| Ziehe den Faden wie zum Rechtsstricken durch.

3| Lass die Masche von der linken Nadel gleiten.

Die so entstandene Masche besteht aus einer rechten Masche und einer aufgelösten Masche, die als Querfaden darüberliegt.

TIPP » TIEFER GESTOCHENE MASCHEN » Wenn du eine tiefer gestochene Masche strickst, ziehe das Strickstück mit dem Daumen und dem Mittelfinger der linken Hand leicht auseinander. So kannst du leichter in die Masche einstechen.

TIEFER GESTOCHENES MUSTER

1. Runde: Stricke * 1 Masche rechts, 1 Masche rechts tiefer gestochen in der Schmuckfarbe.
Wiederhole ab * fortlaufend bis zum Rundenende.
2. Runde: Stricke rechte Maschen in der Schmuckfarbe.
3. Runde: Stricke * 1 Masche rechts tiefer gestochen, 1 Masche rechts in der Grundfarbe.
Wiederhole ab * fortlaufend bis zum Rundenende.
4. Runde: Stricke rechte Maschen in der Grundfarbe.
Wiederhole die 1. bis 4. Runde.

ANLEITUNG

Schlage 60 Maschen in Smaragd an und schließe zur Runde.

TIPP » MIT NADELSPIEL ANSCHLAGEN » Schlage die Maschen am besten zuerst mit einem Nadelspiel an, da es bei nur 60 Maschen schwerfällt, mit den Rundstricknadeln zur Runde zu schließen. Nach ein paar Runden strickst du einfach mit den Rundstricknadeln weiter. Am besten bei einer rechten Runde.

TIPP » DEN RUNDENANFANG MARKIEREN » Wenn du mit einer Rundstricknadel strickst, ist es hilfreich, den Rundenanfang mit einem Maschenmarkierer oder einfach einer Sicherheitsnadel zu markieren, damit du ihn leicht wiederfindest. Führe deine Markierung nach oben mit.

Stricke 1 Runde rechte Maschen. Wechsele zu Kardinal und stricke 97 Runden (= 38 cm) im tiefer gestochenen Muster. Beginne dabei mit der 3. Runde des Musters und beachte den Farbwechsel: Stricke die 1. und 2. Runde immer in Smaragd, die 3. und 4. Runde in Kardinal. Verkreuze beim Farbwechsel die Fäden hinten und ziehe sie locker hoch. Kette in der letzten Runde (entspricht der 3. Runde des Musters) in Kardinal alle Maschen locker ab. Schneide den Faden ab und vernähe die Fäden.

FARBVARIANTE

Stricke alle 1. und 2. Runden in Marine (Fb 350), alle 3. und 4. Runden in Capri (Fb 368).

VARIANTE KINDER

Größe
23 cm hoch, 27 cm breit

Material
- Schachenmayr original Merino Extrafine 40 (LL 40 m/50 g) in Smaragd (Fb 377) und Löwenzahn (Fb 322), je 80 g
- Nadelspiel 8,0 mm

ANLEITUNG

Schlage 50 Maschen in Smaragd an und schließe zur Runde. Stricke 1 Runde rechte Maschen. Wechsele zu Löwenzahn und stricke 61 Runden (= 23 cm) im tiefer gestochenen Muster. Beginne dabei mit der 3. Runde des Musters und beachte den Farbwechsel: Stricke die 1. und 2. Runde immer in Smaragd, die 3. und 4. Runde in Löwenzahn. Verkreuze beim Farbwechsel die Fäden hinten und ziehe sie locker hoch. Kette in der letzten Runde (entspricht der 3. Runde des Musters) in Löwenzahn alle Maschen locker ab. Schneide den Faden ab und vernähe die Fäden.

VARIANTE BABY

Größe
10 cm hoch, 22 cm breit

Material
- Schachenmayr original Merino Extrafine 40 (LL 40 m/50 g) in Wiesengrün (Fb 370) und Azalee (Fb 339), je 40 g
- Nadelspiel 8,0 mm

ANLEITUNG

Schlage 40 Maschen in Wiesengrün an und schließe zur Runde. Stricke 1 Runde rechte Maschen. Wechsele zu Azalee und stricke 25 Runden (= 10 cm) im tiefer gestochenen Muster. Beginne dabei mit der 3. Runde des Musters und beachte den Farbwechsel: Stricke die 1. und 2. Runde immer in Wiesengrün, die 3. und 4. Runde in Azalee. Verkreuze beim Farbwechsel die Fäden hinten und ziehe sie locker hoch. Kette in der letzten Runde (entspricht der 3. Runde des Musters) in Azalee alle Maschen locker ab. Schneide den Faden ab und vernähe die Fäden.

Mütze

Schwierigkeitsgrad 2

Größe
M/L
19,5 cm/20,5 cm hoch, 24 cm/25 cm breit
Die Angaben für die kleinere Größe stehen vor, für die größere Größe nach dem Schrägstrich. Steht nur eine Angabe, gilt diese für beide Größen.

Material
- Schachenmayr original Merino Extrafine 40 (LL 40 m/50 g) in Flanell meliert (Fb 391), 75 g, und in Natur (Fb 302), je 65 g
- Nadelspiel 7,0 mm

Maschenprobe
Mit Nadeln 7,0 mm
im tiefer gestochenen Muster
10 Maschen und 26 Reihen
= 10 cm x 10 cm

Das solltest du können:

Mit dem Nadelspiel stricken
(So geht's S. 89)
Maschen anschlagen (So geht's S. 88)
Maschenprobe anfertigen
(So geht's S. 91)
Rechte Maschen stricken
(So geht's S. 90)
Sauber vernähen (So geht's S. 93)
Bommel anfertigen (So geht's S. 95)

Das lernst du von der Oma:

Wie du tiefer gestochene Maschen strickst
Wie du zweifarbige Muster strickst

Die Mütze wird im tiefer gestochenen Muster gestrickt. Dafür brauchst du rechte Maschen und tiefer gestochene Maschen:

TIEFER GESTOCHENE MASCHEN

1| Statt wie gewohnt in die Masche auf der Nadel einzustechen, stich direkt unterhalb der bereits gestrickten Maschen ein.

2| Ziehe den Faden wie zum Rechtsstricken durch.

3| Lass die Masche von der linken Nadel gleiten.

Die so entstandene Masche besteht aus einer rechten Masche und einer aufgelösten Masche, die als Querfaden darüberliegt.

TIPP » TIEFER GESTOCHENE MASCHEN » Wenn du eine tiefer gestochene Masche strickst, ziehe das Strickstück mit dem Daumen und dem Mittelfinger der linken Hand leicht auseinander. So kannst du leichter in die Masche einstechen.

TIEFER GESTOCHENES MUSTER

1. Runde: Stricke * 1 Masche rechts, 1 Masche rechts tiefer gestochen in der Schmuckfarbe.
Wiederhole ab * fortlaufend bis zum Rundenende.
2. Runde: Stricke rechte Maschen in der Schmuckfarbe.
3. Runde: Stricke * 1 Masche rechts tiefer gestochen, 1 Masche rechts in der Grundfarbe.
Wiederhole ab * fortlaufend bis zum Rundenende.
4. Runde: Stricke rechte Maschen in der Grundfarbe.
Wiederhole die 1. bis 4. Runde fortlaufend.

ANLEITUNG

Schlage 48/50 Maschen in Flanell meliert an, verteile die Maschen gleichmäßig auf 4 Nadeln und schließe zur Runde. Stricke 1 Runde rechte Maschen. Wechsele zu Natur und stricke 40/43 Runden (=15,5 cm/16,5 cm) im tiefer gestochenen Muster. Beginne dabei mit der 3. Runde des Musters und beachte den Farbwechsel: Stricke die 1. und 2. Runde immer in Flanell meliert und die 3. und 4. Runde in Natur. Verkreuze beim Farbwechsel die Fäden hinten und ziehe sie locker hoch.
Jetzt arbeitest du die Kopfabnahme wie folgt. Dabei strickst du nur rechte Maschen in Flanell meliert:
1. Runde: Stricke jede 3. und 4. Masche rechts zusammen (= 36/38 Maschen).
2. Runde: Stricke ohne Abnahmen.
3. Runde: Stricke ohne Abnahmen.
4. Runde: Stricke jede 2. und 3. Masche rechts zusammen (= 24/26 Maschen).
5. Runde: Stricke ohne Abnahmen.
6. Runde: Stricke ohne Abnahmen.
7. Runde: Stricke immer 2 Maschen rechts zusammen (= 12/13 Maschen).
8. Runde: Stricke ohne Abnahmen.

FERTIGSTELLEN

Schneide den Faden ab, ziehe ihn durch die restlichen Maschen und vernähe die Fäden. Wenn du möchtest, kannst du aus der Restwolle für deine Mütze noch einen Bommel arbeiten und annähen.

FARBVARIANTEN

Stricke alle 1. und 2. Runden in Marine (Fb 350), alle 3. und 4. Runden in Capri (Fb 368).

Stricke alle 1. und 2. Runden in Flanell meliert (Fb 391), alle 3. und 4. Runden in Wiesengrün (Fb 370).

Stricke alle Runden in Kardinal (Fb 340).

VARIANTE KINDER

Größe
18,5 cm hoch, 23 cm breit

Material
- Schachenmayr original Merino Extrafine 40 (LL 40 m/50 g) in Smaragd (Fb 377), 60 g, und in Löwenzahn (Fb 322), je 50 g
- Nadelspiel 7,0 mm

ANLEITUNG

Schlage 46 Maschen in Smaragd an, verteile die Maschen gleichmäßig auf 4 Nadeln und schließe zur Runde. Stricke 1 Runde rechte Maschen. Wechsele zu Löwenzahn und stricke 38 Runden (= 14,5 cm) im tiefer gestochenen Muster. Beginne dabei mit der 3. Runde des Musters und beachte den Farbwechsel: Stricke die 1. und 2. Runde immer in Smaragd und die 3. und 4. Runde in Löwenzahn. Verkreuze beim Farbwechsel die Fäden hinten und ziehe sie locker hoch.

Jetzt arbeitest du die Kopfabnahme wie folgt. Dabei strickst du nur rechte Maschen in Smaragd:

1. Runde: Stricke jede 3. und 4. Masche rechts zusammen (= 35 Maschen).
2. Runde: Stricke ohne Abnahmen.
3. Runde: Stricke ohne Abnahmen.
4. Runde: Stricke jede 2. und 3. Masche rechts zusammen (= 24 Maschen).
5. Runde: Stricke ohne Abnahmen.
6. Runde: Stricke ohne Abnahmen.
7. Runde: Stricke immer 2 Maschen rechts zusammen (= 12 Maschen).
8. Runde: Stricke ohne Abnahmen.

Schneide den Faden ab, ziehe ihn durch die restlichen Maschen und vernähe die Fäden. Wenn du möchtest, kannst du aus der Restwolle für deine Mütze noch einen Bommel arbeiten und annähen.

VARIANTE BABY

Größe
15 cm hoch, 20 cm breit

Material
- Schachenmayr original Merino Extrafine 40 (LL 40 m/50 g) in Wiesengrün (Fb 370) und Azalee (Fb 339), je 50 g
- Nadelspiel 7,0 mm

ANLEITUNG

Schlage 38 Maschen in Wiesengrün an, verteile die Maschen gleichmäßig auf 4 Nadeln und schließe zur Runde. Stricke 1 Runde rechte Maschen. Wechsele zu Azalee und stricke 25 Runden (= 9,5 cm) im tiefer gestochenen Muster. Beginne dabei mit der 3. Runde des Musters und beachte den Farbwechsel: Stricke die 1. und 2. Runde immer in Wiesengrün und die 3. und 4. Runde in Azalee. Verkreuze beim Farbwechsel die Fäden hinten und ziehe sie locker hoch. Kette alle Maschen gerade ab. Nähe die Abkettkante mit einem Wollfaden in Wiesengrün zusammen. Der Rundenübergang liegt dabei hinten in der Mitte. Arbeite zwei Bommel in Wiesengrün und nähe sie an den Ecken an.

Tasche

Schwierigkeitsgrad 3

Größe
35 cm hoch (ohne Henkel), 30 cm breit

Material
- Schachenmayr original Merino Extrafine 40 (LL 40 m/50 g) in Wiesengrün (Fb 370), 100 g, und in Azalee (Fb 339), 200 g
- 2 Henkel aus Bambusholz
- 2 Rundstricknadeln 6,0 mm, Seil 60 cm

Maschenprobe
Mit Nadeln 6,0 mm im tiefer gestochenen Muster

10 Maschen und 30 Reihen = 10 cm x 10 cm

Das solltest du können:

Mit dem Nadelspiel stricken (So geht's S. 89)
Maschen anschlagen (So geht's S. 88)
Maschenprobe anfertigen (So geht's S. 91)
Rechte Maschen stricken (So geht's S. 90)
Abketten (So geht's S. 93)
Maschenstich (So geht's S. xx)
Überwendlingstich (So geht's S. xx)
Schleifchen (Anleitung S. xx)

Das lernst du von der Oma:

Wie du tiefer gestochene Maschen strickst
Wie du zweifarbige Muster strickst

Die Tasche wird im tiefer gestochenen Muster gestrickt. Dafür brauchst du rechte Maschen und tiefer gestochene Maschen:

TIEFER GESTOCHENE MASCHEN

1| Statt wie gewohnt in die Masche auf der Nadel einzustechen, stich direkt unterhalb der bereits gestrickten Maschen ein.

2| Ziehe den Faden wie zum Rechtsstricken durch.

3| Lass die Masche von der linken Nadel gleiten.

Die so entstandene Masche besteht aus einer rechten Masche und einer aufgelösten Masche, die als Querfaden darüberliegt.

TIPP » TIEFER GESTOCHENE MASCHEN » Wenn du eine tiefer gestochene Masche strickst, ziehe das Strickstück mit dem Daumen und dem Mittelfinger der linken Hand leicht auseinander. So kannst du leichter in die Masche einstechen.

TIEFER GESTOCHENES MUSTER

1. Runde: Stricke * 1 Masche rechts, 1 Masche rechts tiefer gestochen in der Schmuckfarbe.
Wiederhole ab * fortlaufend bis zum Rundenende.
2. Runde: Stricke rechte Maschen in der Schmuckfarbe.
3. Runde: Stricke * 1 Masche rechts tiefer gestochen, 1 Masche rechts in der Grundfarbe.
Wiederhole ab * fortlaufend bis zum Rundenende.
4. Runde: Stricke rechte Maschen in der Grundfarbe.
Wiederhole die 1. bis 4. Runde fortlaufend.

MASCHEN STILLLEGEN

TASCHENBUND | RIPPENMUSTER

FERTIGSTELLEN | HENKEL EINNÄHEN

FERTIGSTELLEN | HENKEL EINNÄHEN

ANLEITUNG

Schlage 60 Maschen in Wiesengrün an und schließe zur Runde. Stricke 1 Runde rechte Maschen.

> TIPP » MIT NADELSPIEL ANSCHLAGEN » Schlage die Maschen am besten zuerst mit einem Nadelspiel an, da es bei nur 60 Maschen schwerfällt, mit den Rundstricknadeln zur Runde zu schließen. Nach ein paar Runden strickst du einfach mit den Rundstricknadeln weiter. Am besten bei einer rechten Runde.

> TIPP » DEN RUNDENANFANG MARKIEREN » Wenn du mit einer Rundstricknadel strickst, ist es hilfreich, den Rundenanfang mit einem Maschenmarkierer oder einfach einer Sicherheitsnadel zu markieren, damit du ihn leicht wiederfindest. Führe deine Markierung nach oben mit.

Wechsele zu Azalee und stricke 72 Runden im tiefer gestochenen Muster. Beginne dabei mit der 3. Runde und beachte den Farbwechsel: Stricke die 1. und 2. Runde immer in Wiesengrün und die 3. und 4. Runde in Azalee. Verkreuze beim Farbwechsel die Fäden hinten und ziehe sie locker hoch. Stricke anschließend noch 1 Runde im tiefer gestochenen Muster in Azalee und schneide den Faden ab.
Für die Einschlüsse für die Henkel teilst du die Arbeit in 2x 30 Maschen auf. Achte dabei darauf, dass der Rundenübergang hinten in der Mitte liegt. Ziehe 30 Maschen auf eine 2. Rundstricknadel. Die anderen 30 Maschen bleiben auf der 1. Rundstricknadel. Stricke diese 30 Maschen in Azalee in Reihen weiter:

Hinreihe: 1 Randmasche, 3 rechte Maschen, 2 linke Maschen,* 2 rechte Maschen, 2 linke Maschen. Wiederhole ab * fortlaufend, bis 4 Maschen vor Reihenende. Stricke noch 3 rechte Maschen und 1 Randmasche.
Rückreihe: Stricke die Maschen, wie sie erscheinen.
Arbeite 28 Reihen hoch und kette die Maschen ab. Schneide den Faden ab und vernähe ihn.
Stricke die stillgelegten 30 Maschen auf der 2. Rundstricknadel genauso.

FERTIGSTELLEN

Nähe dann die Tasche von links an der Anschlagkante mit Überwendlingstich zusammen. Wende die Tasche. Klappe jeweils den Bund um einen Henkel nach innen und nähe die Abkettkante des Bundes an den Bundanfang. Vernähe die Fäden.
Stricke aus der restlichen Wolle ein Schleifchen in Wiesengrün und nähe es an die Tasche.

SO GEHT'S

MASCHEN ANSCHLAGEN

Zuerst legst du dir den Wollfaden so um die linke Hand, wie du es auf den Fotos siehst:

1| Halte deine Hand so vor dich, dass du deine Handfläche anschaust.

2| Führe das Fadenende von hinten zwischen kleinem Finger und Ringfinger nach vorne durch.

3| Führe das Fadenende zwischen Mittel- und Zeigefinger wieder nach hinten.

4| Wickele den Faden einmal um den Zeigefinger und anschließend einmal von vorne nach hinten um den Daumen, sodass am Daumen eine Fadenschlinge entsteht.

5| Mit Mittelfinger, Ringfinger und kleinem Finger hältst du das Fadenende fest.

6| Jetzt nimmst du eine Nadel in die rechte Hand und stichst von unten nach oben durch die Schlinge am Daumen.

7| Hole den zwischen Zeigefinger und Daumen gespannten Faden mit der Nadel durch die Schlinge und ziehe den Daumen heraus.

8| Ziehe die Masche an beiden Fäden fest.

TIPP » MASCHEN FESTZIEHEN » Achte darauf, deine Masche nicht zu fest zu ziehen, sonst kannst du später nicht mehr so leicht in die Masche einstechen. Die Masche sollte aber auch nicht zu locker sitzen, damit sie nicht von der Nadel rutscht. Am besten ist es, wenn du die Masche leicht auf der Nadel hin und her schieben kannst.

9| Schlage nun die weiteren Maschen an, indem du den Arbeitsfaden um den Zeigefinger wickelst, das Fadenende immer wieder um den Daumen schlingst und den Vorgang wie für die 1. Masche wiederholst.

MASCHEN ANSCHLAGEN | SCHRITT 2+3

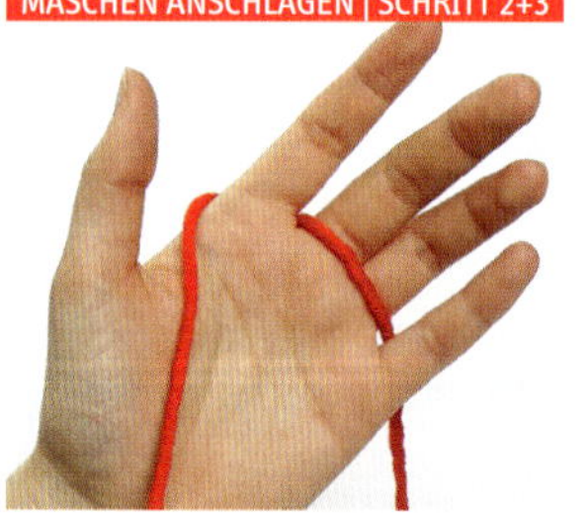

MASCHEN ANSCHLAGEN | SCHRITT 4

MASCHEN ANSCHLAGEN | SCHRITT 5+6

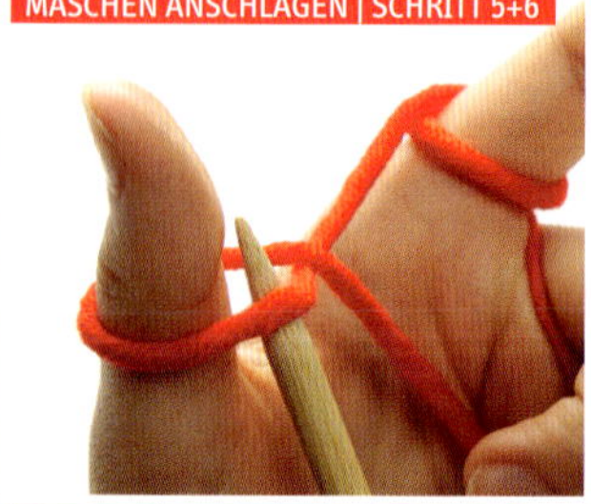

MASCHEN ANSCHLAGEN | SCHRITT 7

MASCHEN ANSCHLAGEN | SCHRITT 7

MASCHEN ANSCHLAGEN | SCHRITT 7

MASCHEN ANSCHLAGEN | SCHRITT 8

MASCHEN ANSCHLAGEN | SCHRITT 9

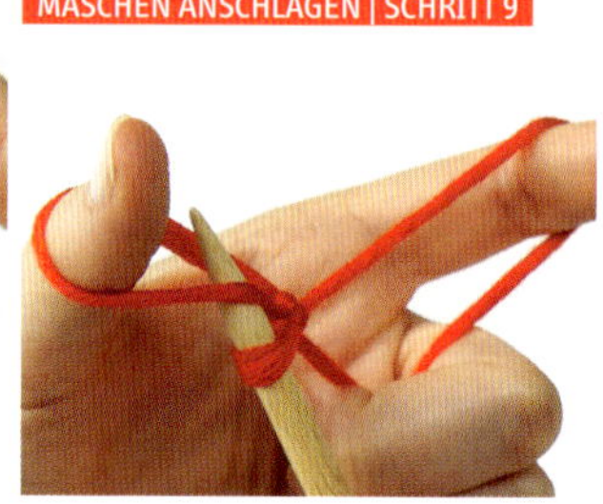

MIT NADELSPIEL STRICKEN | SCHRITT 2

MIT NADELSPIEL STRICKEN | SCHRITT 3

MIT NADELSPIEL STRICKEN | SCHRITT 4

MIT RUNDSTRICKNADEL STRICKEN

MIT RUNDSTRICKNADEL STRICKEN

MIT RUNDSTRICKNADEL STRICKEN

10| Nach dem Anschlagen der Maschen benötigst du das Fadenende nicht mehr. Es bleibt während des Strickens lose hängen und wird später vernäht.

IN RUNDEN STRICKEN

Manche Modelle werden in Runden gestrickt, da so keine Naht mehr geschlossen werden muss. Je nach Strickmodell benötigst du dafür ein Nadelspiel oder eine Rundstricknadel.

MIT NADELSPIEL STRICKEN

1| Beim Maschenanschlagen mit dem Nadelspiel kann es vorkommen, dass nicht alle Maschen auf eine Nadel passen. Schlage deshalb auf der 1. Nadel die Hälfte der Maschen wie gewohnt an.

2| Nimm die 2. Nadel und schlage die restlichen Maschen damit an. Achte dabei darauf, dass du die 1. Masche der neuen Nadel fest anziehst, sodass die beiden Nadeln fest miteinander verbunden werden und später kein Loch entsteht.

3| Nachdem du die benötigte Maschenanzahl angeschlagen hast, verteile die Maschen möglichst gleichmäßig auf 4 Nadeln. Lege die Nadeln vor dich und bringe die Nadelspitzen mit Anfang und Ende der Anschlagsmaschen zueinander. Das Ende erkennst du daran, dass daran das Fadenende hängt.

4| Nun schließe die Runde, indem du mit der letzten freien Nadel die 1. Masche von der 1. Nadel abstrickst. Sobald du die Maschen der 1. Nadel abgestrickt hast, ist diese Nadel wieder frei und du kannst mit ihr die Maschen der 2. Nadel stricken. So strickst du nun Nadel um Nadel weiter.

TIPP » MASCHEN ANZIEHEN » Ziehe die 1. Masche und die Maschen an den Nadelübergängen immer fest an. So vermeidest du zu große, lockere Maschen, die später im Maschenbild unschön auffallen.

MIT RUNDSTRICKNADEL STRICKEN

Bei einer Rundstricknadel kannst du alle Maschen auf derselben Nadel anschlagen. Schlage zunächst die benötigte Maschenzahl wie gewohnt an. Schließe zur Runde, indem du die Nadelspitze mit dem Ende der Anschlagsmaschen direkt neben den Beginn bringst. Achte gut darauf, dass sich die Anschlagkante bei diesem Vorgang nicht verdreht. Stricke die 1. Anschlagsmasche und alle folgenden Maschen im Muster. Ziehe dabei die 1. Masche fest an, damit kein Loch entsteht.

TIPP » RUNDENBEGINN MARKIEREN » Zwar ist der Beginn jeder neuen Runde schon durch die Position des Anschlagsfadens definiert, aber wenn du schon etwas weiter gestrickt hast, kann es schwierig sein, den genauen Anfang wiederzufinden. Deshalb ist es hilfreich, wenn du dir den Rundenanfang mit einem Maschenmarkierer oder einer Sicherheitsnadel kennzeichnest. Kommst du nach einer Runde erneut bei der Position deiner Markierung an, hebst du sie einfach von der linken auf die rechte Nadel und strickst die nächste Runde weiter. So wandert die Markierung quasi nach oben mit.

RECHTE MASCHEN | SCHRITT 1

RECHTE MASCHEN | SCHRITT 2

RECHTE MASCHEN | SCHRITT 3

RECHTE MASCHEN | SCHRITT 4

LINKE MASCHEN | SCHRITT 1

LINKE MASCHEN | SCHRITT 2

LINKE MASCHEN | SCHRITT 3

LINKE MASCHEN | SCHRITT 4

RECHTE MASCHEN

1| Führe den Arbeitsfaden von hinten zwischen kleinem Finger und Ringfinger nach vorne durch und dann wieder zwischen Mittel- und Zeigefinger nach hinten. Wickele dir den Arbeitsfaden zweimal um den Zeigefinger und führe den Faden nun hinter der Nadel vorbei zu deinem Zeigefinger.

2| Nimm eine Nadel in die rechte Hand und stich von unten nach oben in die oberste Masche ein.

3| Hole den Faden durch die Masche und lass die Masche von der linken Nadel gleiten.

4| Nun hast du eine neue Masche auf der Arbeitsnadel. Ziehe sie fest und stricke dann die nächste Masche.

Rechte Maschen sehen auf der Vorderseite aus wie ein V, auf der Rückseite haben sie einen kleinen Buckel.

LINKE MASCHEN

1| Lege den Arbeitsfaden um die Hand, wie bei den rechten Maschen beschrieben. Im Unterschied zu den rechten Maschen, führst du den Faden diesmal vor der Nadel vorbei zum Zeigefinger.

2| Stich von rechts nach links in die oberste Masche ein. Der Arbeitsfaden liegt weiter vor der Nadel. Hole nun den Faden durch die Masche, lass die Masche von der linken Nadel gleiten und ziehe sie fest.

Linke Maschen sind das exakte Gegenstück zu rechten Maschen: Sie haben auf der Vorderseite einen Buckel und auf der Rückseite ein V.

TIPP » LINKE MASCHEN » Damit der Faden leichter durch die Masche geht, kannst du bei den linken Maschen leicht mit dem Daumen nachhelfen.

TIEFER GESTOCHENE MASCHEN

1| Statt wie gewohnt in die Masche auf der Nadel einzustechen, stich direkt unterhalb der bereits gestrickten Masche ein.

2| Ziehe den Faden wie zum Rechtsstricken durch.

3| Lass die Masche von der linken Nadel gleiten.

Die so entstandene Masche besteht aus einer rechten Masche und einer aufgelösten Masche, die als Querfaden darüberliegt.

> TIPP » TIEFER GESTOCHENE MASCHEN » Wenn du eine tiefer gestochene Masche strickst, ziehe das Strickstück mit dem Daumen und dem Mittelfinger der linken Hand leicht auseinander. So kannst du leichter in die Masche einstechen.

MASCHEN STRICKEN, WIE SIE ERSCHEINEN

Liest du diese Angabe, strickst du die Maschen so, dass sie genauso aussehen wie die in der vorherigen Runde/Reihe. Wenn du in Runden strickst, heißt das, dass du über eine rechte Masche (sieht aus wie ein V), noch eine rechte Masche bzw. über eine linke Masche (hat einen Buckel) eine weitere linke Masche strickst.

Strickst du in Reihen, gibt es bei der Rückreihe eine Besonderheit. Linke Maschen in der Hinreihe erscheinen in der Rückreihe als rechte Maschen, also strickst du die Masche über einer linken Masche als rechte Masche. Umgekehrt gilt das auch für rechte Maschen auf der Vorderseite.

MASCHENPROBE

Bevor du mit dem eigentlichen Strickmodell beginnst, solltest du unbedingt eine Maschenprobe machen. So findest du heraus, ob du eher fest oder eher locker strickst. Das ist wichtig, damit das fertige Modell später die angegebenen Maße bzw. die richtige Größe hat.

Wie viele Maschen du anschlagen musst, sagt dir die Maschenprobe. Schlage erst später noch 2 zusätzliche Maschen als Randmaschen an. Randmaschen sollen nämlich bei der Auszählung einer Maschenprobe nicht mit gestrickt werden, da sie schmaler als rechte oder linke Maschen sind und infolgedessen das Ergebnis verfälschen würden.

Wie viele Reihen/Runden du stricken musst, wird dir ebenfalls in der Maschenprobe vorgegeben.

Hast du die Maschenprobe fertig, legst du sie vor dich hin und überprüfst, ob du mit den angegebenen Maschen und Reihen auf 10 cm x 10 cm kommst. Ist dies der Fall, kannst du mit dem Strickprojekt loslegen.

> TIPP » ABWEICHENDE MASCHENPROBE » Fallen die Maße deiner Maschenprobe deutlich größer aus, strickst du eher locker und solltest die nächstkleinere Nadelstärke wählen. Ist die Maschenprobe deutlich kleiner, nimmst du einfach die nächstgrößere Nadelstärke.

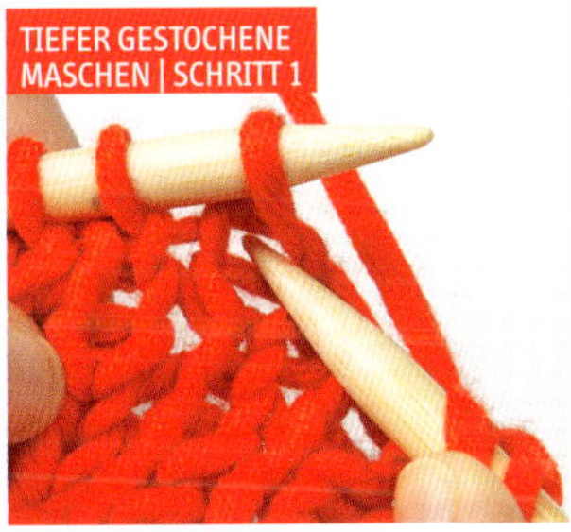
TIEFER GESTOCHENE MASCHEN | SCHRITT 1

TIEFER GESTOCHENE MASCHEN | SCHRITT 2

TIEFER GESTOCHENE MASCHEN | SCHRITT 3

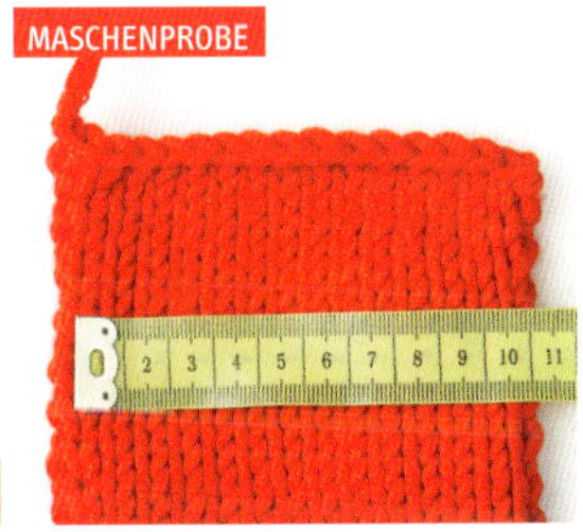

MASCHENPROBE

RANDMASCHEN | SCHRITT 1

RANDMASCHEN | SCHRITT 2

MASCHEN ZUNEHMEN | SCHRITT 1

MASCHEN ZUNEHMEN | SCHRITT 2

MASCHEN ZUNEHMEN | SCHRITT 2

MASCHEN ZUNEHMEN | SCHRITT 2

MASCHEN RECHTS ZUSAMMENSTRICKEN

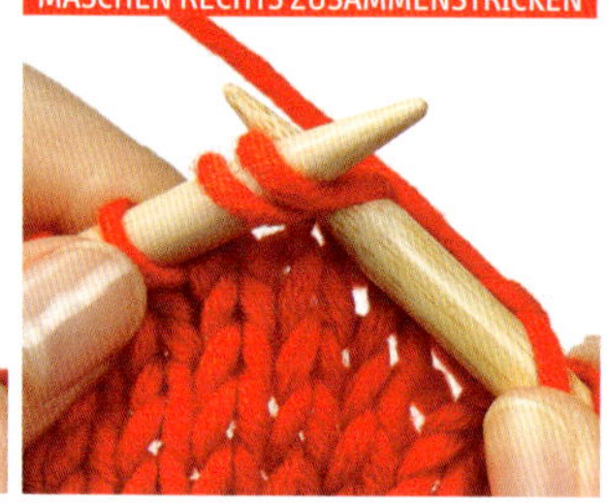

MASCHEN LINKS ZUSAMMENSTRICKEN

RANDMASCHEN – KNÖTCHENRAND

Wird in Reihen gestrickt, sind die 1. und die letzte Masche einer Reihe die Randmaschen.
Insbesondere bei Schals ist ein sauberer Rand wichtig. Bei den meisten Modellen in diesem Buch wird ein Knötchenrand verwendet:

1| Hebe die 1. Masche wie zum Rechtsstricken ab und lass sie auf die rechte Nadel gleiten.

2| Stricke im Muster weiter. Die letzte Masche strickst du rechts ab.

TIPP » RANDMASCHEN FESTZIEHEN » Zieh die Randmaschen immer schön fest, damit der Rand am Ende schön gleichmäßig aussieht.

MASCHEN ZUNEHMEN

1| Stich mit der linken Nadel von vorne unter den Querfaden ein, der die eben gestrickte Masche und die noch zu strickende Masche auf der linken Nadel verbindet.

2| Stich mit der rechten Nadel hinten in die neue Masche ein und stricke sie rechts bzw. links ab. Dadurch wird die Masche verschränkt gestrickt, sodass kein Loch entsteht.

MASCHEN ZUSAMMENSTRICKEN

Stich durch die beiden Maschen, die du zusammenstricken möchtest, und stricke sie gemeinsam ab. Dadurch reduziert sich deine Maschenanzahl um 1.
Je nach Muster können die Maschen rechts oder links zusammengestrickt werden.

ZOPFMUSTER

Um einen Zopf zu stricken, benötigst du eine Hilfsnadel. Es gibt hierfür spezielle Zopfnadeln, die wesentlich kürzer als Strumpfnadeln und in der Mitte gebogen sind, damit die Maschen nicht runterfallen. Du kannst aber auch einfach eine weitere gewöhnliche Nadel verwenden.

Einen Zopf, der aus 4 Maschen besteht, strickst du wie folgt:

1| Lege die ersten 2 Maschen des Zopfes auf die Hilfsnadel hinter die Arbeit.

2| Die nächsten 2 Maschen auf der linken Nadel strickst du rechts ab. Dann strickst du die beiden Maschen von der Zopfnadel rechts.

Bei einem Zopf, der aus 6 Maschen besteht, arbeitest du entsprechend mit jeweils 3 Maschen.

TIPP » ZOPFMUSTER » Bei der Zopfkreuzung ist es wichtig, den Faden immer gut anzuziehen. Sonst bekommst du große, lockere Maschen, die dein Muster unregelmäßig erscheinen lassen.

ABKETTEN

Zum Abschluss vieler Strickstücke müssen die Maschen abgekettet werden.

1| Beginne die letzte Reihe, indem du 2 Maschen rechts strickst.

2| Stich dann mit der linken Nadel von links nach rechts in die rechte der beiden Maschen ein und ziehe sie über die linke Masche. Lass die übergezogene Masche von der rechten Nadel gleiten und ziehe den Faden fest. Stricke anschließend wieder 1 rechte Masche und wiederhole den Vorgang, bis alle Maschen abgekettet sind.

FADEN VERNÄHEN

Vernähe die Fäden immer sauber auf der Rückseite, damit man sie nicht sieht. Am besten vernähst du den Faden im gleichfarbigen Bereich, am Muster entlang, und wechselst dabei einmal die Richtung (Zurückstechen). Schneide den Faden nicht zu kurz ab, da sich dein Strickstück sonst wieder auftrennen könnte. Kontrolliere immer wieder auf der Vorderseite, ob der vernähte Faden auch wirklich nicht zu sehen ist.

ZOPFMUSTER | SCHRITT 1

ZOPFMUSTER | SCHRITT 2

ZOPFMUSTER | SCHRITT 2

ZOPFMUSTER

ABKETTEN | SCHRITT 2

ABKETTEN | SCHRITT 2

ANSICHT ABKETTKANTE

FÄDEN VERNÄHEN

STRICKTEILE ZUSAMMENNÄHEN

MATRATZENSTICH

1| Um zwei Strickstücke miteinander zu verbinden, nähst du sie jeweils mit den Abkett- bzw. Anschlagsmaschen an die Randmaschen des jeweils anderen Strickstücks. Lege dafür die beiden Strickstücke mit der Vorderseite nach oben nebeneinander. Erfasse mit der Stopfnadel den Querfaden zwischen der Randmasche und der 1. Masche und ziehe den Faden durch.

2| Erfasse die 1. Masche des anderen Strickstücks und ziehe den Faden durch.

Wiederhole den Vorgang, bis du die ganze Seite aneinandergenäht hast. Ziehe den Faden stets nach ca. 2 cm an, damit man später nichts mehr von der Naht sieht.

MASCHENSTICH

1| Lege die Strickstücke mit der Vorderseite nach oben mit der Anschlags- an die Abkettkante. Jetzt arbeitest du von rechts nach links und folgst den Strickreihen. Nimm in der unteren Reihe die 2. Hälfte der 1. Masche und die 1. Hälfte der folgenden Masche auf.

2| Ziehe den Nähfaden durch und beginne bei der oberen Reihe. Hier umfasst du mit dem Nähfaden eine komplette Masche. Geh abwechselnd so vor. Dann sieht die Naht aus wie rechte Maschen und fällt kaum auf. Nach ca. 2 cm ziehe den Nähfaden an.

ÜBERWENDLINGSTICH

1| Stich von rechts nach links durch die obersten beiden Maschen einer Längsseite.

2| Ziehe den Faden durch und stich dann wieder von rechts nach links in die nächsten beiden Maschen. Nähe genauso weiter, bis alle Seiten geschlossen sind.

BOMMEL FERTIGEN

1 | Schneide 2 gleich große Kreise aus Pappe aus. Die Größe der Kreise entspricht dem späteren Bommel. Lege die Kreise aufeinander.

2 | Schneide in die Mitte der beiden Pappkreise jeweils 1 Mittelkreis. Je größer dieser Mittelkreis ist, desto dichter kannst du den Bommel wickeln.

3 | Schneide ein langes Stück Wolle ab und wickele das Garn dicht um beide Ringe, bis der Mittelkreis geschlossen ist. Hierfür kannst du entweder eine Wollnadel oder deine Finger verwenden.

4 | Sobald der Mittelkreis geschlossen ist, stichst du mit einer spitzen Schere an der äußeren Kante zwischen die beiden Pappringe und schneidest die Fäden rundherum auf.

5 | Wickle einen festen Faden zweimal zwischen den Pappringen um die Fäden herum und knote ihn zusammen.

6 | Zerschneide die Pappringe und entferne sie.

7 | Schüttele den Bommel etwas aus und frisiere ihn in Form. Wenn einzelne Fäden länger sind, kannst du sie mit einer Schere kürzen.

TIPP » BOMMEL-MAKER » Möchtest du häufiger Bommel herstellen, kannst du statt der Pappschablone auch ein Bommel-Set nehmen. Das besteht aus Plastik und kann deshalb immer wieder verwendet werden.

UNSERE BUCHTIPPS FÜR SIE

TOPP 6336
ISBN 978-3-7724-6336-5

TOPP 6980
ISBN 978-3-7724-6980-0

TOPP 6935
ISBN 978-3-7724-6935-0

TOPP 6388
ISBN 978-3-7724-6388-4

HILFESTELLUNG ZU ALLEN FRAGEN, DIE MATERIALIEN UND KREATIVBÜCHER BETREFFEN: FRAU ERIKA NOLL BERÄT SIE. RUFEN SIE AN: 05052/91 18 58*

*normale Telefongebühren

LEKTORAT: no:vum, Susanne Noll, Hennef

LAYOUT: Petra Theilfarth

FOTOS: frechverlag GmbH, 70499 Stuttgart; lichtpunkt, Michael Ruder, Stuttgart

DRUCK UND BINDUNG: GPS Group GmbH, Österreich

Dieses Werk wurde vermittelt durch die Michael Meller Literary Agency GmbH, München

Materialangaben und Arbeitshinweise in diesem Buch wurden von den Autoren und den Mitarbeitern des Verlags sorgfältig geprüft. Eine Garantie wird jedoch nicht übernommen. Autoren und Verlag können für eventuell auftretende Fehler oder Schäden nicht haftbar gemacht werden. Das Werk und die darin gezeigten Modelle sind urheberrechtlich geschützt. Die Vervielfältigung und Verbreitung ist, außer für private, nicht kommerzielle Zwecke, untersagt und wird zivil- und strafrechtlich verfolgt. Dies gilt insbesondere für eine Verbreitung des Werkes durch Fotokopien, Film, Funk und Fernsehen, elektronische Medien und Internet sowie für eine gewerbliche Nutzung der gezeigten Modelle. Bei Verwendung im Unterricht und in Kursen ist auf dieses Buch hinzuweisen.

1. Auflage 2014

Copyright © 2014 by Verena Röthlingshöfer und Jörg Röthlingshöfer

Copyright Deutsche Erstausgabe © 2014 frechverlag GmbH, 70499 Stuttgart

ISBN 978-3-7724-6371-6 • Best.-Nr. 6371